Gustav Künstler

Die unseren Kulturpflanzen Schädlichen Insekten

Mit besonderer Rücksicht auf die Erscheinungen, welche bei den Beschädigungen durch Insekten sich zeigen

Gustav Künstler

Die unseren Kulturpflanzen Schädlichen Insekten
Mit besonderer Rücksicht auf die Erscheinungen, welche bei den Beschädigungen durch Insekten sich zeigen

ISBN/EAN: 9783743468214

Hergestellt in Europa, USA, Kanada, Australien, Japan

Cover: Foto ©berggeist007 / pixelio.de

Weitere Bücher finden Sie auf **www.hansebooks.com**

Die

unseren Kulturpflanzen schädlichen

Insekten.

Mit besonderer Rücksicht

auf die

Erscheinungen, welche bei den Beschädigungen durch Insekten
sich zeigen

und das

Stadium der Entwicklung, in welchem sie vorzugsweise schädlich sind.

Für den Landmann zusammengestellt

von

Gustav Künstler,

Ausschussrath der k. k. zoologisch-botanischen Gesellschaft, Schriftführer der Section für Obst-
und Weinbau der k. k. Wiener Landwirthschaftsgesellschaft, Mitglied des deutschen Pomologen-
vereines, des n. ö. Vereines für Landeskunde etc. etc.

Herausgegeben von der k. k. zool.-bot. Gesellschaft.

WIEN.

Im Selbstverlage der Gesellschaft.

1871.

Inhalt.

Vorwort VIII
Einleitung X

I. Abschnitt.
Schädlinge, welche die meisten unserer Kulturpflanzen angreifen.

Beschädigung der Wurzeln.

§. 1. Engerlinge 1
§. 2. Drahtwurm 3
§. 3. Werre 4

Beschädigung der Stengel oder Blätter.

§. 4. Heuschrecken 5
§. 5. Blattläuse 7

Anhang.

§. 6. Ackerschnecke 9

II. Abschnitt.
Schädlinge, welche nur einzelne Kulturgewächse angreifen.

Halmfrüchte.
Beschädigung der Halme oder Blätter.

§. 7. Wintersaateule 10
§. 8. Getreidelaufkäfer 11
§. 9. Gammaeule 13
§. 10. Sechsfleckige Zwergzirpe . 14
§. 11. Getreidehähnchen 15
§. 12. Hessenfliege 15
§. 13. Fritfliege 17
§. 14. Getreideblumenfliege . . . 18
§. 15. Grünäugige Halmfliege . . 19
§. 16. Halmschabe 21

§. 17. Getreidehalmwespe . . . 22
§. 18. Hirsezünsler 23

Beschädigung der Blüthen und Körner.

§. 19. Weizengallmücke . . 24
§. 20. Ackerlaubkäfer 25
§. 21. Weisszottiger Rosenkäfer . 25
§. 22. Queckeneule 26

Beschädigung der Körnervorräthe.

§. 23. Weisser Kornwurm . . . 27
§. 24. Getreidemotte 28
§. 25. Schwarzer Kornwurm . . 28

Anhang.
§. 26. Weizenälchen 29

Hülsenfrüchte.
Beschädigung der Stengel und Blätter
§. 27. Graurüssler 32
§. 28. Erbseneule 32

Beschädigung der Samen.
§. 29. Erbsenwickler 33
§. 30. Weissfleckiger Meiselrüssler 34
§. 31. Erbsenmücke 34
§. 32. Erbsenwippel 34
§. 33. Linsenwippel 35

Buchweizen.
Beschädigung der Stengel und Blätter.
§. 34. Weizeneule 35

Mohn.
Beschädigung der Wurzeln.
§. 35. Mohnwurzelrüssler 36

Beschädigung der Körner.
§. 36. Weissfleckiger Verborgenrüssler 37
§. 37. Mohngallmücke 37

Schotenfrüchte.
Beschädigung der Wurzeln.
§. 38. Kohlfliege 38

Beschädigung der Stengel.
§. 39. Kohlgallenrüssler 39
§. 40. Rapserdfloh 40
§. 41. Rapsmauszahnrüssler . . . 41

Beschädigung der Blätter.
§. 42. Erdflöhe 41
§. 43. Kohlweissling 42
§. 44. Repssägewespe 44
§. 45. Gemüseeule 45
§. 46. Kohleule 45
§. 47. Adonis-Blattlauskäfer . . 45
§. 48. Kohlwanze 46

Beschädigung der Blüthen und Samen.
§. 49. Repsglanzkäfer 46
§. 50. Repsverborgenrüssler . . . 47

§. 51. Kohlgallmücke 47
§. 52. Rapszünsler 48

Runkelrübe.
Beschädigung der Wurzel.
§. 53. Moosknopfkäfer 49

Beschädigung der Stengel und Blätter.
§. 54. Aaskäfer 49
§. 55. Nebliger Schildkäfer . . . 50
§. 56. Hohlrüssler 50

Anhang.
§. 57. Rübenälchen 51

Möhre.
Beschädigung der Wurzel.
§. 58. Möhrenfliege 51

Kümmel.
Beschädigung der Blüthen*).
§. 59. Kümmelschabe 52

Kartoffel 53

Flachs.
Beschädigung der Samen.
§. 60. Flachsknotenwickler . . . 53

Hanf 53

Tabak . . . 53

Hopfen.
Beschädigung der Wurzel.
§. 61. Hopfenwurzelspinner . . . 54

Beschädigung der Blätter.
§. 62. Springraupe 54

Spargel.
Beschädigung der Stengel und Blätter.
§. 63. Spargelbohrfliege 55
§. 64. Spargelhähnchen 55
§. 65. Punktirter Zirpkäfer . . . 56

Klee.
Beschädigung der Wurzel.
§ 66. Kleewurzelkäfer 56

---

*) Auch im Texte pag. 52 ist statt Blätter „Blüthen" zu lesen.

Beschädigung der Blätter.

§. 67. Pilzkugelkäfer 57
§. 68. Schwarzbeinige Feldfliege . 58

Beschädigung der Blüthen und Samen.

§. 69. Samenstecher 59

Gräser.

Beschädigung der Halme und Blätter.

§. 70. Lolchspinner 59
§. 71. Lolcheule 60

Obstbäume.

Beschädigung des Stammes, der Aeste und Schosse.

§. 72. Weidenbohrer 61
§. 73. Blausieb 62
§. 74. Grosser Stutzbohrkäfer . . 62
§. 75. Ungleicher Borkenkäfer . . 63
§. 76. Rindenwickler 63
§. 77. Johannisbeer-Glasflügler . 64
§. 78. Haselböckchen 65
§. 79. Birnzweigwespe 65
§. 80. Zweigabstecher 66
§. 81. Blutlaus 66
§. 82. Birnsauger 67
§. 83. Pfirsichschildlaus 68

Beschädigung der Knospen, Blätter, Blüthen oder Früchte.

§. 84. Pflaumengallmücke . . . 68
§. 85. grauer Knospenwickler . . 68
§. 86. kleiner Frostspanner . . . 69
grosser Frostspanner . . . 71
§. 87. Baumweissling 71
§. 88. Ringelspinner 72
§. 89. Grosser Fuchs 72

§. 90. Goldafter 73
§. 91. Schwammspinner 74
§. 92. Blaukopf 75
§. 93. Gespinnstmotte 75
§. 94. Gesellige Birnblattwespe . 76
§. 95. Gelbe Stachelbeerblattwespe 77
§. 96. Stachelbeerspanner . . . 77
§. 97. Schmalbauch 78
§. 98. Gartenlaubkäfer 69
§. 99. Schmalbockähnlicher Blütenkäfer 79
§. 100. Brenner 80
§. 101. Apfelstecher 81
§. 102. Obstmade 81
§. 103. Röthliche Pflaumenraupe 82
§. 104. Pflaumenbohrer 82
§. 105. Pflaumensägewespe . . . 83
§. 106. Kirschenmade 83
§. 107. Himbeerkäfer 84
§. 108. Haselnussbohrer 85

Rebe.

Beschädigung der Wurzeln und des Stammes.

§. 109. Rebenverwüster . . . 84
§. 110. Rebschildlaus 86

Beschädigung der Knospen, Triebe und Blätter.

§. 111. Nascher 86
§. 112. Rebenfallkäfer 87
§. 113. Rebenschneider 87
§. 114. Rebenstecher 88
§. 115. Springwurm 88

Beschädigung der Blüthen und Früchte.

§. 116. Traubenwickler 89

Anhang.

§. 117. Weinblattmilbe 90

Vorwort.

Das vorliegende Werkchen wurde in der Absicht verfasst, dem Landwirthe ein kurzes, brauchbares Hilfsbüchlein in die Hand zu geben, womit er im Stande ist, die seinen Nutzgewächsen schädlichen Kerfe (Insekten) zu erkennen und der Weiterverbreitung derselben möglichst entgegenzuwirken. Es macht nicht den mindesten Anspruch, den Entomologen vom Fache Neues zu bieten oder den strengen Anforderungen der Wissenschaft zu genügen. Der Verfasser wird vollkommen zufrieden sein, wenn er durch den Versuch ein für den Landwirth brauchbares Schriftchen zu schreiben und herauszugeben, wenigstens die Aufmerksamkeit des landwirthschaftlichen Publikums auf einen Gegenstand zu lenken im Stande ist, dessen Bedeutung und Wichtigkeit noch beiweitem nicht nach Gebühr erkannt worden ist.

Neu in der Form dürfte es sein, dass überall von der Erscheinung ausgegangen wurde, welche die Anwesenheit des Schädlinges kennzeichnet: während in ähnlichen Schriften bisher gewöhnlich die systematische Reihenfolge der einzelnen Schädlinge für die Anordnung des Materiales den Ausschlag gab. Es schien uns der hier befolgte Weg praktischer, weil dem Landwirthe immer zunächst und in erster Reihe die Symptome, welche sich bei Beschädigung seiner Saaten zeigen, in die Augen fallen, und die Frage, wodurch diese veranlasst werden, erst in zweiter Reihe zu beantworten sein wird. Es wurde sich bestrebt, die Erscheinungen möglichst kurz und charakteristisch zu beschreiben und Alles das wegzulassen, was das Werkchen allzu breit gemacht hätte und für den Zweck desselben nutzlos gewesen wäre, wie: Citate etc. Als Leitstern diente uns hiebei die Ausdrucksweise der praktischen Landwirthe selbst, die

X

Unter den indirecten Mitteln dürfte wohl der Schutz aller jener Thiere, welche bestimmt sind, der allzugrossen Vermehrung der Insekten einen Damm entgegenzusetzen, den ersten Platz verdienen. Wie sehr die Wichtigkeit des Schutzes dieser Thiere in früherer Zeit verkannt wurde, brauchen wir nicht erst eingehend zu erörtern.

Zahlreiche Schriften der Neuzeit haben sich die dankenswerthe Aufgabe gestellt, den Landwirth in dieser Richtung aufzuklären. Wir möchten daher unsern Landwirthen in dieser Beziehung vor Allem Wilhelm Schleicher's „Mittheilungen über die der Land- und Forstwirthschaft nützlichen Thiere", oder auch Gloger's „die nützlichsten Freunde der Land- und Forstwirthschaft unter den Thieren", oder das vom Wiener Thierschutzverein herausgegebene „Schonet die Vögel" zur aufmerksamen Durchlesung anempfehlen, überzeugt, dass ihnen manche arg verleumdete Thiere in ganz anderem Lichte erscheinen, und sie diese zu ihrem eigenen Vortheile künftig schützen werden.

Der grossen Bedeutung des Gegenstandes wegen aber sei es uns gestattet, demselben auch hier einige Bemerkungen zu widmen.

Unter den in dieser Beziehung einer besonderen Aufmerksamkeit zu würdigenden Thieren gebührt den Vögeln unbestritten der Vorrang, und wir theilen die Ansicht Tschudi's vollkommen, welcher sagt: „Die Vögel verrichten eine Arbeit, welche Millionen Menschenhände nicht halb so gut und vollständig ausführen würden".

In neuerer Zeit hat sich diese Ueberzeugung allmälig Bahn gebrochen, und es wurden in vielen Ländern bereits Gesetze zum Schutze der nützlichen Vögel erlassen. Wenn nun diese Gesetze bei strenger Handhabung auch genügen dürften, um das Ausnehmen der Eier, Vernichtung der Bruten und übermässigen Fang der Vögel zu verhindern, so können sie doch die erwarteten Erfolge, nämlich die Zunahme der nützlichen Vogelarten nicht bewirken, so lange es nicht gelingt, ein internationales*) Gesetz zu Stande

---

*) Während der Drucklegung dieser Schrift wurde von Seite des hohen k. k. Ackerbauministeriums unser hochverehrter Freund Ritter von Frauenfeld mit der Mission betraut, in Florenz in dieser Hinsicht ein Einvernehmen zu erzielen.

Seine Bemühungen waren auch von Erfolg gekrönt, denn die k. italienische Regierung wird demnächst die getroffene Vereinbarung

zu bringen, welches den bedauerlichen Vögelmetzeleien das Handwerk legt, welchen in den südlichen Ländern Europas die Zugvögel alljährlich massenweise zum Opfer fallen.

Freilich so lange Dohnen, Sprenkel, Meisenhütten etc. bei uns geduldet werden, so lange auf unsern Märkten Tausende kleiner harmloser Vögelchen den Feinschmeckern angeboten werden, so lange Kibitzeier korbweise in den Schaufenstern unserer Delicatessenhändler prangen, haben wir verzweifelt wenig Recht, den Südländern den Text zu lesen und ihnen ihre Mordlust vorzuhalten.

Man mache uns nicht den Einwurf, dass die bei uns zum Verkauf gebrachten Vögel meist Körnerfresser sind, denn abgesehen davon, dass dabei viele Insektenfresser mitgefangen und getödtet werden, vertilgen selbst die sogenannten Körnerfresser besonders zur Brutzeit eine grosse Anzahl von Schädlingen und nutzen auch unzweifelhaft durch das Verzehren von Unkrautsamen mehr, als man gewöhnlich annimmt.

Es ist daher Pflicht der Landwirthe mit allen ihnen zu Gebote stehenden Mitteln dahin zu wirken, dass endlich einmal der Verkauf kleiner Speisevögel, ob sie nun aus dem Inlande stammen oder eingeführt werden, gänzlich verboten werde, denn nur dadurch ist es möglich, nennenswerthe Resultate zu erzielen.

Dasselbe gilt von dem Fange der Sing- und anderer nützlichen Vögel überhaupt zur Herbst- und Winterszeit, denn so z. B. verlassen gerade zur Herbstzeit unsere Meisen die Wälder und schlagen ihren Wohnsitz in Gärten auf, wo sie während der rauhen Jahreszeit unermüdlich mit Absuchen der Bäume nach Insekteneiern oder Puppen beschäftigt sind. Leider werden aber zur Herbstzeit diese nützlichen Thiere zu Tausenden gefangen, und hiedurch den Obstbauern indirect ein bedeutender Schade zugefügt.

Allein nicht nur der genügende Schutz der nützlichen Vögel ist in's Auge zu fassen, sondern auch deren Hegung, d. i. es muss dafür gesorgt werden, dass sie ausser sicheren Aufenthaltsorten auch geeignete Brutplätze finden.

---

dem Parlamente vorlegen. Wenn man weiss, wie sehr der Vogelfang dort bei Alt und Jung, Reich und Arm mit Leidenschaft betrieben wird, so verdient die Bereitwilligkeit, mit welcher die k. Regierung darauf einging, die vollste Anerkennung.

XII

Unverstand, Gedankenlosigkeit und Spekulation haben in dieser Beziehung bisher übel gewirthschaftet, denn ausser Wäldern sind auch Feldgehölze und Hecken, Gebüsche an Ufern, Hohlwegen, Rainen und einzelne in den Fluren stehende grössere Bäume grösstentheils der Axt verfallen.

Es ist daher vor Allem unsere Aufgabe die Folgen dieser nutzlosen Devastationen gutzumachen.

Zum Glücke können wir einem Theile der nützlichen Vogelarten, nämlich den sogenannten Höhlenbrütern, wie Meisen, Staaren u. s. w. einen Ersatz für die verlornen Brutstätten dadurch gewähren, dass wir Nist- oder Brutkästen auf unsern Obstbäumen in genügender Anzahl anbringen. Für andere Arten, wie z. B. die durch Vertilgung schädlicher Insekten und der Mäuse so nützlichen Eulen kann durch Anbringen entsprechend grosser Fluglöcher am Giebel der Scheunen, auf Böden und in einem Winkel derselben befestigter grosser Brutkästen gesorgt werden.

Eine grosse Anzahl unserer befiederten Freunde aber nisten in oder unter Gebüschen, Hecken u. s. w. Es wären daher alle noch bestehenden Hecken so viel als möglich zu schonen, alle zu andern Kulturen nicht tauglichen Plätze mit Bäumen und Sträuchern zu bepflanzen, am besten mit dichten, stachlichten, wie Fichten, Bocksdorn, Akazien etc., weil diese geeignet sind, das Raubzeug abzuhalten, aber auch beerentragende Gesträuche dürfen hiebei nicht gänzlich fehlen, da sie vielen Vogelarten zur Zeit der Noth durch ihre Früchte Nahrung bieten. (Der Sauerdorn [Weinscharl] und Faulbaum wären jedoch auszuschliessen, da sie die Verbreitung des Getreiderostes fördern). Feuchte oder der Ueberschwemmung ausgesetzte Stellen könnten mit Weiden besetzt werden, die nebenbei Ruthen zu Bändern und Körben liefern; Rohrpflanzungen in Weihern und stehenden Gewässern, in denen mehrere Vogelarten nisten, und die als sichere Schlafstätten dienen, würden auch noch in anderer Weise Nutzen gewähren. — Hecken an Einschnitten, Böschungen der Strassen und Eisenbahnen gewähren gleichzeitig Schutz gegen Schneeverwehungen. — Die Bepflanzung der Strassen und Wege mit Obstbäumen würde auch in dieser Richtung segensreich sein.

XIII

Auf solche Weise könnten für unsere unverdrossenen Hilfstruppen im Kampfe gegen die Kerbthiere ohne Beeinträchtigung der Kulturen leicht sichere Zufluchtstätten und Brutplätze geschaffen werden.

Ein weiterer Punkt, der alle Beachtung verdient, ist die Fütterung der Vögel zur Zeit der Noth. Bei hoher Schneedecke, Rauhfrösten, Glatteis, welche die Vögel hindert, Futter zu erhalten, oder im Frühjahre, wenn Nachfröste oder ungünstiges Wetter plötzlich eintritt, die namentlich den zu früh und erschöpft von der Wanderung ankommenden Arten das Leben kostet, kann ein geringes Quantum an leichtern Körnern, Sonnenblumen- oder Kürbissamen u. s. w. oder gehackten Fleischabfällen, Mehlwürmern, Ameisenpuppen vielen dieser Vertheidiger unserer Ernten das Leben retten.

Was einige besonders wegen der Vertilgung der Mäuse nützlichen Raubvögel, wie beispielsweise den gemeinen und rauhfüssigen Bussard (Mauserer), betrifft, so ist dafür zu sorgen, dass dieselben auf den Fluren einzelne hohe Bäume finden, von wo aus sie erfolgreich nach ihrer Beute ausspähen können.

Aus der Klasse der Säugethiere sind besonderem Schutze zu empfehlen die Fledermäuse, welche durch die Vertilgung der für uns am schwierigsten zu bekämpfenden, während der Dämmerung fliegenden Falter und Käfer sich als unentbehrlich zeigen.

Leider hat ihre Zahl theils durch muthwillige Tödtung in Folge überkommener Ammenmärchen, theils auch durch Verminderung der hohlen Bäume, welche ihnen als Zufluchtsstätte während des Tages und zur Ruhestätte während ihres Winterschlafes dienten, bedeutend abgenommen. Man suche daher diese Thiere nach Kräften zu schützen, schone hohle Bäume und gewähre auch gerne diesen so nützlichen Thieren ein Plätzchen auf Böden, in Scheunen, Kellern als Zufluchtsstätte.

Ausserdem sind der Maulwurf, die Spitzmäuse, der Igel und die Wiesel ihres Nutzens wegen nach Möglichkeit zu schonen.

Ferner verdienen solchen Schutz mit Ausnahme der giftigen Viper (Kreuzotter) alle Amphibien, nämlich Nattern, Blindschleichen, Eidechsen, Molche, Frösche und Kröten, lauter Thiere, denen nur Aberglaube, Vorurtheil und Unkenntniss ihrer Lebensweise jenen thörichten Hass zuwendete, welcher einem Fluche gleich auf ihnen lastet.

Selbst in dem Reiche der Insekten finden wir eine grosse Anzahl von Arten, die unter unsern Feinden arge Niederlagen anrichten, und deren Schonung daher ein Gebot der Klugheit ist. So sind es z. B. aus der Gruppe der Käfer die Laufkäfer, Kurzflügler (Staphylinen), Frauenkäfer, einige Weichkäfer, wie die sogenannten Bader, Johanniswürmchen; in der Gruppe der Aderflügler die Schlupf- und Grabwespen; in der Gruppe der Netzflügler die Wasserjungfern, Flor- und Kameelhalsfliegen; in jener der Zweiflügler die Raub-, Mord- und Schwebfliegen; in der der Halbflügler viele Wanzenarten, welche sich von pflanzenschädlichen Insekten nähren und daher geschont werden müssen.

Dasselbe gilt auch von den Spinnen, von denen keine bei uns vorkommende Art auch nur den geringsten Schaden veranlasst.

Aus dem bisher Angeführten möge der Landwirth den Schluss ziehen, wie nothwendig es ist, selbst zu beobachten und über das Beobachtete nachzudenken, damit er nicht solche Arten verfolge, die, wenn er deren Lebensweise vollständig kennen würde, als Freunde gelten müssen, und er sich daher statt des gehofften Nutzens selbst nur Schaden bereitet.

Ein fernerer Punkt, der von den Landwirthen bisher viel zu wenig beachtet wurde, und dessen Berücksichtigung geeignet sein dürfte, so manche Beschädigung der Kulturpflanzen hintanzuhalten oder mindestens auf ein geringeres Mass einzuschränken, ist die Bedachtnahme auf das Vorkommen mancher Schädlinge an den Unkräutern. Mehrere der auf oder neben den Feldern wachsenden Unkräuter werden nämlich vorzugsweise von einigen Schädlingen aufgesucht und als Brutstätten benützt, und wandern sie erst von diesen in unsere Saaten. Gerade die bei mehreren Insektenschäden der Neuzeit gemachten Beobachtungen geben hiefür triftige Belege, und wir verweisen diesfalls nur auf die unter den Artikeln Rapssägewespe und Gamma-Eule angeführten Thatsachen.

Als Vorbeugungsmittel muss auch oft die Zeit der Saat, Art der Bestellung, Fruchtfolge etc. betrachtet werden, und wollen wir diesfalls, in so weit Erfahrungen vorliegen, an geeigneter Stelle uns aussprechen. Als Regel kann gelten, dass Alles, was die kräftige Entwicklung der Pflanzen selbst fördert, dieselben auch gegen alle Beschädigungen widerstandsfähiger macht und unter Umständen sie selbst jeder Gefahr der Beschädigung entrückt.

Zu den Vorbeugungsmitteln sind auch jene zu zählen, welche bestimmt sind, den Schädlingen ihre Zufluchtsörter zu entziehen oder die Ablage der Brut zu verhindern, wie das Beseitigen dürrer Aeste, Abkratzen loser Rinde, Bestreichen der Stämme und grösseren Aeste mit Lehm oder Kalk oder Kalkwasser, wodurch Moos und Flechten vertilgt und vielen Schädlingen ihre Zufluchtsstätte entzogen wird.

Das Reinhalten des Bodens von Unkraut, besonders von dichten Lagen abgefallenen Laubes, wodurch, wenn es zur rechter Zeit geschieht, eine Menge Insekten nicht nur des zum Winterlager nöthigen Versteckes beraubt, sondern auch manches schon dort verborgene Ungeziefer beseitigt werden wird.

Wir wenden uns nun zu den eigentlichen „Vertilgungsmitteln" und werden dieselben nur im Allgemeinen kurz besprechen.

Die an Baumstämmen, Wänden etc. abgesetzten Eierhaufen werden am besten mit einem passenden Holzstücke zerquetscht oder abgekratzt und zertreten.

An Blättern abgelegte Eierhaufen kann man mittelst zweier kleiner handgrosser Brettchen zerquetschen oder man nimmt nach Umständen dieselben sammt den Blättern ab und zertritt sie.

Die an Zweigen oft in Form von Ringen oder Kuchen abgelegten Eier, sowie die Raupennester, d. i. zwischen zusammengesponnenen Blättern überwinternde Räupchen, werden am besten mittelst Raupenscheren, die an entsprechend langen Stangen befestigt sind, entfernt und müssen sorgfältig vertilgt, am besten verbrannt werden.

An Baumstämmen sich vereinigende Raupengesellschaften sind am zweckmässigsten durch das sogenannte Spiegeltödten, d. i. Zerquetschen derselben mittelst flacher Holzstücke, zu vertilgen.

Die während schlechten Wetters oder bei starkem Sonnenschein oder am frühen Morgen in Astgabeln oder an der Unterseite der Aeste sich versammelnden Raupen kann man mittelst eines Lappens

XVI

oder Strohbündels an Ort und Stelle zerquetschen oder durch Bespritzen mit Seifenwasser oder Lauge zum Herabfallen nöthigen und dann vertilgen. Beobachtet man solche Raupengesellschaften an höheren Stellen, so muss das Strohbündel oder der wollene mit Seifenwasser befeuchtete Lappen selbstverständlich an einer passenden Stange angebracht werden. Derselbe Erfolg kann auch durch die sogenannte Räucherpfanne erreicht werden, d. i. ein metallenes Gefäss, welches wie eine Wagschale mittelst dreier Kettchen an der Spitze einer Stange befestigt wird, und in welches man Schwefel, Hornspäne etc. bringt und anzündet; um die Raupen durch den Dampf zu betäuben und zum Herabfallen zu nöthigen. Die statt derselben vorgeschlagenen Fackeln oder angezündeten Strohbündel halten wir schon der Feuersgefahr wegen für bedenklich.

Die in Gespinnsten gesellschaftlich lebenden Raupen entfernt man, indem man entweder die kleinen Zweige sammt dem Gespinnste vorsichtig abschneidet oder die Raupen im Gespinnste zerdrückt.

Auf einfache und zweckmässige Weise kann man vieler Raupen auch habhaft werden, wenn man zwischen die Astgabeln zusammengerollte Stücke Tuch oder Löschpapier schiebt. In denselben versammeln sich die Raupen bei starker Sonnenhitze oder schlechtem Wetter, und können dann herausgeschüttelt und mit leichter Mühe getödtet werden.

Man sammle alles früh abgefallene Obst und verfüttere es an Schweine oder vertilge es auf andere Art, da dieses meist die Brutstätte vieler Schädlinge ist. Dies muss natürlich in kurzen Zwischenräumen wiederholt und fleissig fortgesetzt werden, damit die in diesen Früchten befindlichen Larven nicht Zeit gewinnen, dieselben zu verlassen. Hiebei ist es auch zweckmässig, die Bäume zu schütteln, damit die beschädigten Früchte zum Falle gebracht werden. Von Vortheil ist es auch die Erde um die Bäume und Sträucher mehrmals im Jahre umzugraben, da hierdurch viele in der Erde sich verpuppende Schädlinge getödtet werden. Es können hiebei auch leicht die etwa zu Tage geförderten Larven und Puppen gesammelt und vertilgt werden, oder man lasse sie von Hühnern auflesen.

Ein weiteres Mittel sich vieler Schädlinge zu erwehren, besteht in dem Abklopfen der Bäume und Sträucher während des Austreibens und Blühens, und zwar am besten zur Morgenzeit. Es werden hiedurch viele Schädlinge am Frasse oder am Eierlegen gehindert und vertilgt. Am besten bedient man sich zur Erschütterung der Bäume (Anprällen) einer mehrere Fuss langen Keule, deren vorderer Theil, um eine Beschädigung des Baumes zu verhindern, mit Werg oder Lappen von Tuch etc. umwunden wird. Der erste Schlag ist besonders kräftig zu führen, weil sich die Thiere später festklammern, und weitere Schläge erfolglos bleiben. Man kann sich bei höheren Aesten hiezu auch eines Hakens bedienen, nur muss dann die Erschütterung durch einen plötzlichen Ruck geschehen. Um die herabgefallenen Thiere mit leichter Mühe sammeln zu können, ist es räthlich ein Tuch unterzubreiten oder einen Regenschirm unterzuhalten, dessen innere Seite mit weissem Stoffe derart überspannt sein muss, dass die ganze innere Fläche nebst den Spangen davon bedeckt ist. Oft genügt der Stock dieses Regenschirmes zur Erschütterung, namentlich von Zweigen. Stehen unter den Bäumen Sträucher, so müssen die Ecken des Tuches an in die Erde gesteckte Stäbe befestigt werden. Die herabgefallenen Schädlinge müssen so schnell als möglich, noch bevor sie sich erholen und das Weite suchen, in verschlossene Gefässe, z. B. Körbe, Deckelbutten geschüttet und dann zerstampft, durch Aufguss heissen Wassers oder auf andere Weise getödtet werden, und können dann auch als Hühner- oder Schweinefutter verwendet werden. Man kann aber auch, indem man die herabgefallenen Schädlinge durch Hühner auflesen lässt, sich die Sache erleichtern.

Ein zweckmässiges Mittel zum Fange und Verhinderung der Eierablage vieler Schädlinge ist auch das Anbringen der Theergürtel oder Bänder zu gewissen Zeiten an den Bäumen. Die Mühe, welche das Anlegen und Frischerhalten solcher mit Theer oder andern klebenden Substanzen bestrichenen Streifen von Papier, Zink oder Blech verursacht, wird reichlich durch die dadurch erzielte Vernichtung vieler Schädlinge eingebracht.

Bei krautartigen und Feldpflanzen ist natürlich öfters die Anwendung der Vertilgungsmittel eine veränderte.

XVIII

Hier kann man mit Hilfe eines mit langem Stiele versehenen Schmetterlingsnetzes (Hamens, Schöpfers, Streifsackes), das aus starkem Umfassungsdrahte und ungefähr $1\frac{1}{2}'$ langem derben Sacke aus Leinwand oder Baumwollzeuge bestehen muss, in kurzer Zeit eine bedeutende Anzahl mancher Schädlinge fangen und dann vertilgen. Es muss hiebei in langen schnellen Zügen (mähend) über die Pflanzen gestreift und am Ende des Zuges mittelst einer Drehung das Sackende hinaufgeschlagen werden, um das Entkommen der Gefangenen zu hindern. Bei blühenden Pflanzen, wo durch das Abstreifen leicht die Blüthen beschädigt werden könnten, bedient man sich solcher Fangsäcke mit kurzem Stiele. Diese werden untergehalten, und mit der Hand die Pflanzen leicht darüber gebeugt und geschüttelt, damit die Schädlinge in den Sack fallen. Um die Flucht derselben zu vereiteln, wird der Sack stark genässt und am Boden desselben Blätter gelegt. Die gefangenen Thiere werden zeitweise in grössere Gefässe, z. B. Säcke geleert und dann getödtet.

Bei manchen Schädlingen. z. B. einigen Raupen, Rüsselkäfern etc., welche die Gewohnheit haben, sich, wenn sie Gefahr merken, herabfallen zu lassen, dürfte es zweckmässig sein, sich einer solchen Vorrichtung zu bedienen, die an der Vorderseite in Form eines Dreieckes offen gelassen wird, um den Stengel der Pflanze umfassen zu können, bevor man die Pflanze selbst berührt. und um auf diese Weise dem Feinde die Flucht zu vereiteln. Man könnte hiefür etwa den Ausdruck „Schlitzsack" gebrauchen.

Das Sammeln der Schädlinge überhaupt ist ein Mittel, das zur rechten Zeit und energisch angewendet, geeignet ist, den Schaden häufig zu vermindern oder theilweise ganz zu verhüten. Der Kostenpunkt ist es, welcher manchen Landwirthen einen erwünschten Vorwand liefert, sich gegen dasselbe auszusprechen. Wenn wir auch nicht in Abrede stellen, dass häufig Baarauslagen hiedurch erwachsen, so wird doch die Höhe derselben gegenüber dem Nutzen, den dieses Mittel gewährt, meist überschätzt. Abgesehen davon, dass Kinder und Frauen hiezu verwendet werden können, fehlt es wohl selten an Leuten, welche derlei Arbeiten in Accord, d. i. um einen bestimmten Geldbetrag für eine gewisse abgelieferte Quantität gern übernehmen werden. Wir sind überzeugt, dass diese Art der Vertilgung häufiger als man glaubt, sich lohnend erweisen wird, aber so manche unserer Landwirthe verstehen noch nicht richtig zu rechnen, daran liegt es.

Wir könnten, wenn wir nicht befürchten würden, zu weitläufig zu werden, viele Beispiele hiefür anführen und den Erfolg ziffermässig nachweisen, begnügen uns aber nur ein einziges Beispiel der Neuzeit hier aufzuführen. Im Vorjahre wurde zu Kounitz in Böhmen ein Rapsfeld von 24 Joch vom Rapsglanzkäfer befallen. Man sammelte durch Abklopfen einen Metzen, also beiläufig 8 Millionen Käfer, und der Erfolg war derart, dass die Ernte 21¼ Metzen betrug, während auf einem in der Nähe gelegenen Felde von 45 Joch, wo nicht gesammelt worden, dieselbe nur 10 Metzen ergab. Und zudem behauptet der dortige Wirthschaftskontrolor Herr Hampe, dass die Ernte auf dem ersten Felde noch ergiebiger ausgefallen wäre, wenn das Sammeln nicht um mehrere Tage zu spät stattgefunden hätte. Die Auslagen für das Sammeln betrugen circa 2 fl. pr. Joch, was im Vergleiche zu dem erhaltenen Mehrertrage gewiss eine kleine Auslage ist.

Bei vielen Schädlingen gibt es dermalen kein anderes Mittel, als sie einsammeln zu lassen.

Auch ohne Sammeln zu beabsichtigen kann der Landwirth bei seinen Verrichtungen, seinen Gängen durch Garten, Feld und Wiese oft mit leichter Mühe so manchen Schädling vernichten und er möge dies ja niemals unterlassen, wenn auch scheinbar kein besonderer Erfolg damit erzielt zu sein scheint.

Zur Vernichtung mancher häufig auftretender Schädlinge hat man eigene Apparate oder Maschinen ersonnen, oder es werden hiezu auch Ackergeräthe, z. B. Walzen, Dorneggen u. s. w. verwendet. Wir werden bei den betreffenden Kerfen darauf zurückkommen.

Das Bestreuen der Pflanzen mit pulverisirten Substanzen, wie z. B. Tabakstaub, Asche, Russ, Kalk, Gyps u. s. w. ist in gewissen Fällen nicht ohne Wirkung, aber diese oft nur von kurzer Dauer, und dieses Mittel bei manchen Pflanzen auch nicht leicht durchführbar.

XX

Das Begiessen mit einem Absude von Wermuth, Aloë, Quassia etc. dürfte höchstens in Gärten und für Samenbeete anwendbar sein.

Dem Verwenden von Säuren, Oelen u. s. w. steht meist die nachtheilige Einwirkung, welche diese Stoffe auf Pflanzentheile ausüben, entgegen und dürfte daher nur mit besonderer Vorsicht stattfinden. Gar keinen Werth legen wir vielen angepriesenen narkotischen oder übelriechenden Mitteln bei, die von Zeit zu Zeit immer wieder auftauchen, für deren Wirksamkeit aber unseres Wissens bisher keine authentischen Belege gebracht worden sind.

Wir übergehen ferner eine ganze Reihe alberner, nur auf Unkenntniss der Lebensweise unserer kleinen Feinde basirender, daher unbegründeter Mittel, da es uns als Zeitverschwendung erschiene, derselben auch nur in Kürze zu gedenken.

Was nun immer für ein Mittel der Landwirth anwenden mag, so ist stets im Auge zu behalten, dass die Abwehr gleich beim Beginne der Calamität angewendet und energisch und beharrlich durchgeführt werde, da nur dann ein günstiges Resultat zu erzielen sein wird.

Haben die Verwüstungen bereits einen hohen Grad erreicht so sind häufig die aufgewendete Zeit und Mühe verloren und kaum noch etwas zu retten. Es wäre höchstens die Weiterverbreitung zu hindern, was in gewissen Fällen, die wir hervorheben werden, räthlich, im Allgemeinen aber selten von dem gewünschten Erfolge begleitet ist. Die Vertilgungsmittel müssen aber auch je nach Bedarf von den Grundbesitzern einer oder mehrerer Gemeinden, ja eines Landes gemeinsam und einverständlich durchgeführt werden, wenn ein nennenswerther Erfolg erzielt werden soll. Die Ausserachtlassung dieses letzteren Punktes ist es namentlich, warum so oft die angewendeten Mittel scheinbar erfolglos blieben, und es werden daher in den Abraupgesetzen und derlei Vorschriften die Gemeindebehörden dafür verantwortlich gemacht werden müssen, wenn die Durchführung der geeigneten Mittel nicht rechtzeitig und gemeinsam angeordnet und die Säumigen dazu nicht verhalten worden wären.

Es ist zwar eine traurige Erscheinung, dass es überhaupt noch Landwirthe gibt, welche erst durch Gesetze gezwungen werden sollen, ihren eigenen Vortheil zu wahren; aber erklärlich ist es, wenn man erwägt, dass erst seit kurzer Zeit die Naturwissenschaften in der Schule Eingang fanden und jene Wichtigkeit erlangten, die sie als Bildungsmittel des Volkes unzweifelhaft zu beanspruchen berechtigt sind. — Was durch eine lange Reihe von Jahren versäumt wurde, lässt sich eben nicht im Momente wieder gut machen.

Eingedenk des Spruches: „Worte ziehen an, Beispiele aber reissen hin" stellen wir die Bitte an alle intelligenten Landwirthe, nicht nur bei Durchführung der Abraup- und Vogelschutzgesetze mit gutem Beispiele voranzugehen, sondern auch durch Belehrung, Aufmunterung, Unterstützung die genaue Ausführung derselben zu fördern, das so nothwendige Verständniss hiefür zu verbreiten und das bestehende Vorurtheil gegen dieselben mit aller Macht zu bekämpfen.

Wir glauben, dass auf diese Weise am erspriesslichsten gewirkt werden könnte, um den kleinen Landwirth zum Nachdenken zu bewegen und ihn zu überzeugen, dass er bisher nur zu oft mit offenen Augen blind gewesen sei und sich nur selbst geschadet habe.

Da aber auch die Entwicklungsgeschichte und der Grund des oft plötzlichen Auftretens manches Schädlings noch so in Dunkel gehüllt ist, dass es oft schwierig wird, ga. entsprechende oder leicht durchführbare Mittel gegen denselben in Vorschlag zu bringen, so stellen wir ferner das Ansuchen an Alle, welche die Wichtigkeit dieses Gegenstandes erfassen, über die von ihnen beobachteten, namentlich weniger bekannten Schädlinge ihrer Gegend der k. k. zoologisch-botanischen Gesellschaft in Wien Mittheilung zu machen und hiebei auch speciell anzugeben, welche Umstände und Verhältnisse nach ihren Erfahrungen das Auftreten veranlasst haben könnten, was auf die Verbreitung derselben Einfluss nahm, und ob und welche Mittel gegen die Verwüstungen versucht wurden. Selbstverständlich müssten bei einem solchen Anlasse jedes Mal Exemplare des Schädlings mit eingesendet werden, um über dieselben ein bestimmtes Urtheil geben zu können.

Nur durch Einverständniss und gemeinsame Arbeit der Männer der Wissenschaft und Praxis ist das angestrebte Ziel, jene Mittel zu finden, durch welche wir unsere Ernten so weit als möglich gegen ihre Beschädiger schützen können, in schnellster und bester Weise zu erreichen.

XXII

Nicht berücksichtigt wurden in dieser Schrift jene Schädlinge, welche entweder nur local auftreten, oder deren Vorkommen erst in neuerer Zeit beobachtet wurde, sowie über welche neuere Forschungen nöthig sind. Dahin gehören z. B.: die den Roggen beschädigende Schabe *Anerastia lotella* H., die den Obstbäumen verderblichen *Cemiostoma scitella* Z., *Cecidomyia nigra* Mg., die den Reben feindliche *Ino ampelophaga* Hb. etc.; dagegen sind aber als Anhang bei den einzelnen Abtheilungen jene Feinde aufgenommen, welche, obwohl sie nicht zu den Insekten zu zählen sind, doch als schädlich für die Landwirthschaft gelten müssen.

I. Abschnitt.

Schädlinge, welche die meisten unserer Kulturpflanzen angreifen.

Beschädigung der Wurzeln.

§. 1.

Wenn zur Zeit des regsten Wachsthumes die Pflanzen gelb werden, abwelken und ohne äusserlich sichtbare Beschädigung zu Grunde gehen, so dass sie leicht aus dem Boden gezogen werden können, so wird man die Wurzeln angefressen finden, oder es fehlen dieselben gänzlich. Gräbt man weiter nach, so findet sich in der Nähe der Pflanze der Veranlasser dieser Beschädigung, eine sechsbeinige, runzlige, schmutzigweise, bucklige, am hintern Ende sackförmig verdickte, bläulichgraue Larve, mit hornigem braunen Kopfe, die wie ihre Gattungsverwandten unter dem Namen **Engerling** bekannt ist. *Engerlinge.*

Diese Larve beginnt gewöhnlich ihren Frass am Ende der Wurzel und frisst dann bis an den Wurzelstock hinauf, so dass nur bei stärkeren Wurzeln hängenbleibende Fasern auf die Anwesenheit derselben hindeuten. Es dürften unter unsern Kulturpflanzen nur wenige zu nennen sein, die ihr nicht zum Opfer fallen, wenn gleich einige derselben sich ihrer besonderen Vorliebe erfreuen, wie z. B. Getreide, Salat, Rüben, Erdbeeren etc. Sie nagt auch in Kartoffeln und Rüben Löcher aus, frisst Zwiebeln an, unterhöhlt auf Wiesen manchmal grosse Flächen und richtet besonders in Baumschulen oft ungeheuren Schaden an. Unter den Feinden unserer Kulturpflanzen nimmt sie gewiss die erste Stelle ein, denn nicht nur sie schadet, sondern auch der aus ihr sich entwickelnde Käfer, der nicht nur Laub, Knospen und junge Schosse fast aller Obst- und Waldbäume und vieler Gesträuche, sondern selbst niedere Pflanzen oder deren Blüthen angreift.

Die Larve, oder Engerling, auch Quatte, Glieme genannt, verpuppt sich in der Erde und kommt aus der Puppe im nächsten Frühjahre der Malkäfer (*Melolontha vulgaris* L.) zum Vorschein, der dem Landwirthe so bekannt ist, dass eine nähere Beschreibung überflüssig erscheint.

Der Maikäfer erscheint, je nach den Witterungsverhältnissen und der örtlichen Lage, gewöhnlich zwischen Ende April und Anfangs Juni, schwärmt dann besonders an lauen Abenden, ist aber oft auch am heissen Mittag zu treffen. Je kälter die Witterung, desto weniger ist er zum Fluge geneigt und hängt besonders Morgens oft halberstarrt an den Bäumen. Zu dieser Zeit kann er am leichtesten in grosser Menge gesammelt werden. Das Einsammeln muss sehr früh am Morgen oder an nassen, kalten Tagen vorgenommen werden. Durch Schütteln der Bäume können sie leicht von den Zweigen herabgebeutelt werden. Breitet man dann ein Tuch unter den Baum, um die Herabgefallenen zu sammeln, so kann man sie in Gefässe, z. B. Deckelbutten oder Säcke leeren, forttragen und vertilgen.

Mit diesem leicht durchführbaren und erfolgreichen Mittel soll aber, um das Ablegen der Eier möglichst zu verhindern, gleich nach dem Erscheinen des Käfers begonnen und dieses Verfahren je nach Bedarf kürzere oder längere Zeit fortgesetzt werden. Zu bemerken ist auch noch, dass dasselbe nicht auf die Obstbäume allein zu beschränken, sondern auf alle Bäume und Gesträuche der Umgebung, ja selbst auf die an nahen Waldrändern wachsenden Bäume und Gesträuche auszudehnen ist.

Ihrer Lebenszähigkeit wegen ist es räthlich die gesammelten Käfer zu zerstampfen, zwischen Brettern zu zerquetschen oder mit heissem Wasser abzubrühen. Sie können dann als gutes Schwein- und Geflügelfutter oder mit Kalk geschichtet oder trockener Erde vermengt auch als vorzüglicher Dünger verwendet werden.

Man hat auch beobachtet, dass, wenn man auf einer freien, sonnigen Stelle, an Waldrändern, Wiesen, Hecken, 3—4 Fuss im Quadrat haltende Flächen etwa 6''' hoch mit frischem, streulosem Kuhmist bedeckt und darüber eine ungefähr 3'' dicke Erdschichte bringt, die Weibchen der Maikäfer hier gerne ihre Eier ablegen. Solche Beeten sind dann vor Mitte Juli zusammenzuschaufeln und sammt den darin befindlichen zahlreichen Engerlingen zu verbrennen.

Erwähnenswerth scheint es ferner, dass in Baumschulen die Beschädigung der jungen Bäume durch Engerlinge vermindert werden kann, wenn man in den Baumreihen, ungefähr im Juni, Salat säet, welchen sie besonders gerne angehen. Man sticht dann im August bei recht brennendem Sonnenscheine solche Stellen um und setzt die jungen am Salat versammelten Engerlinge der Sonne aus, welche sie tödtet, oder noch sicherer man sammelt und tödtet sie. Letzteres Verfahren muss aber einige Male wiederholt werden.

Auf Wiesen, wo die durch das Absterben der Pflanzen entstehenden gelben Flecken die Anwesenheit der Engerlinge verrathen, ist es zweckmässig, den Rasen abzuheben und die darunter versammelten Engerlinge zu tödten. Wählt man zu dieser Arbeit eine trockene Witterung, so kann man die abgeschälten Rasenstücke an, zu diesem Zwecke angezündeten Feuern verbrennen und so die darin steckenden Engerlinge tödten. Zu bemerken ist jedoch, dass man nur jedesmal so viel Rasen umbrechen darf, als sogleich verbrannt werden kann, damit die Engerlinge nicht Zeit gewinnen, sich wieder in den Boden einzuwühlen. Nach Beendigung des Verbrennens wird die Asche und durchglühte Erde auseinander gebreitet und mit dem, je nach der Grösse der Stelle, mit dem Spaten, dem Pfluge oder der Egge gelockerten Boden gemengt und dieser Stellen neu besäet. Die vermehrte Arbeit wird durch die dadurch erzielte Bodenverbesserung, die Zerstörung der Engerlinge und anderen Ungeziefers so wie manchen Unkrautes reichlich aufgewogen.

Auch das Sammeln und Tödten der beim Pflügen oder Umgraben zu Tage geförderten Engerlinge ist nicht zu verabsäumen.

Wir sind der Ansicht, dass an manchem Schaden, der dem Engerlinge des Maikäfers insbesonders zugeschrieben wird, seine Gattungsverwandten, welche im Allgemeinen dieselbe Form zeigen und sich nur durch Grösse und andere weniger in die Augen fallende Merkmale von ihm unterscheiden, Antheil nehmen, begnügen uns aber hier nur darauf hinzuweisen, da es sich überhaupt nur darum handelt, die durch Engerlinge verursachten Schäden zu vermindern und zu beseitigen.

§. 2.

Dieselben Erscheinungen zeigen sich, doch in der Regel nur an jungen Pflanzen, wenn die Beschädigung durch eine der Gestalt nach, an den Mehlwurm erinnernde, sechsbeinige, etwas niedergedrückte, glänzend gelbbraune bis 7''' lange Larve, den allbekannten **Drahtwurm** veranlasst wird.

Der Drahtwurm, welcher die meisten unserer Kulturpflanzen angreift, ist den Getreidesaaten am verderblichsten, so lange als die Pflänzchen sich nicht bestockt haben. — Da er mit Vorliebe den unterirdischen Stengel zu seinem Frasse wählt, so ist der Schade, den er veranlasst, gewöhnlich grösser, wenn der Same tief untergebracht wurde. — Er soll ferner die ausgesäeten, noch nicht keimenden Maiskörner ausfressen. — Beim Hacken und Verziehen der Zuckerrüben stösst man oft auf ganze Büschel welker Pflanzen, welche bei näherer Untersuchung an der Wurzel einige Linien bis 1'' unter der Blätterkrone eine vertrocknete (angefressene) Stelle zeigen. In der Regel geht die so beschädigte Pflanze zu Grunde, und nur dann, wenn die Frassstelle tiefer liegt oder die Pflanze bereits zahlreiche Seitenwurzeln entwickelt hat, lebt sie fort, die Rübe selbst aber bleibt dann in ihrer Entwicklung zurück. — Hafer, Weizen, Gerste, Roggen, Mais scheint der Drahtwurm mit Vorliebe anzugreifen, obwohl auch Rüben, Kartoffeln, Kohlarten, Salat etc. von ihm nicht verschont bleiben. — Leichter Boden scheint ihm mehr zuzusagen als schwerer; tief gepflügter besser als seichter. Am bedeutendsten sind die Beschädigungen gewöhnlich in Neubrüchen oder wie behauptet wird, in drainirten und gekalkten Böden.

Der Drahtwurm verpuppt sich in der Erde und kommt aus der Puppe ein etwa 4‴ grosser, länglicher, brauner, kurz grau behaarter, den bekannten Springkäfern ähnlicher Käfer zum Vorschein, der unter den Namen Saatschnellkäfer *(Agriotes lineatus* Bierk.) bekannt ist.

Rücksichtlich der Mittel gegen diesen Schädling müssen wir uns darauf beschränken nur Andeutungen zu geben, da bedeutende Erfolge gegen denselben bisher noch nicht erzielt worden sind. Das Befestigen des Bodens durch Walzen, nicht allzu tiefes Unterbringen der Saat und Beizen des Samens mit Kupfervitriol, ein Mittel, welches gleichzeitig gegen den Brand des Getreides wirkt, dürften am zweckmässigsten anzuwenden sein.

Bei Kulturen, welche Handarbeit erfordern und besonders in Gärten, müssten nach dem Ausziehen der welken Pflanzen, die gewöhnlich in der Nähe der Wurzeln oder an denselben aufzufindenden Drahtwürmer vertilgt werden.

Bei bedeutenden Beschädigungen der Saaten wären die beim Umpflügen der betreffenden Stellen an die Oberfläche gebrachten Drahtwürmer zu sammeln, da sonst voraussichtlich auch die Nachsaat vernichtet würde.

Die Larven aller Schnellkäferarten sehen einander sehr ähnlich und lassen sich äusserst schwer von einander unterscheiden. Es ist daher mehr als wahrscheinlich, dass ein grosser Theil der Verwüstungen durch Drahtwürmer überhaupt veranlasst wird. Ihre Unterscheidung ist für die Praxis indessen entbehrlich. Die Käfer zeigen sich immer einzeln und richten als solche keinen Schaden an, sollen aber nach Möglichkeit, um das Ablegen der Eier zu hindern, vertilgt werden.

§. 3.

Werre. Sieht man junge Pflanzen gelb werden, verwelken, umbrechen und absterben und findet man entweder die Wurzeln abgebissen oder unterwühlt und neben oder unter denselben lange, ziemlich oberflächliche Gänge, welche später in die Tiefe führen, so wird man beim Nachgraben auf einen andern, 1½—2″ langen, braunen, rostbraunfilzigen, 6beinigen, geflügelten Schädling mit handförmigen Vorderbeinen (Grabbeinen) stossen, der in der Gestalt an die gemeine Feldgrille erinnert und unter den Namen **Werre** bekannt ist.

Dieser Schädling ist für die meisten Nutzpflanzen gleich gefährlich, findet sich jedoch am häufigsten in Gärten und Baumschulen. Lockeren, humosen Boden scheint er besonders zu lieben. Obwohl er ausser Pflanzen auch Larven verzehrt, so dürfte doch der Nutzen, den er durch letzteres schafft, weitaus durch das beim Aufwerfen seiner Gänge veranlasste Zugrundegehen junger Pflanzen aufgewogen werden. Er ist auch unter anderen sehr verschiedenen Namen, die sich theils auf die Lebensweise, theils auf die Gestalt desselben beziehen, wie Erd- und Moldwolf, Schrot- und Reutwurm, Reutkröte, Erdkrebs, Ackerwerbel und Maulwurfsgrille *(Gryllotalpa vulgaris* Latr.) bekannt.

Das Weibchen setzt zur Eierablage den unterirdischen Gang in einem plötzlich abbeugenden Winkel in die Tiefe fort, erweitert denselben zu einer eigrossen Höhlung, in welche es dann seine grünlichgelbbraunen 1¾''' langen, glatten, sehr harten Eier ablegt.

Die schon nach einigen Wochen ausschlüpfenden Jungen haben etwa die Grösse einer grossen Ameise, leben anfangs gesellig, zerstreuen sich aber später, wenn sie erwachsen sind; sie nähren sich von vegetabilischen zersetzten Stoffen und feinen Würzelchen; häuten sich mehrmal, sehen aber sogleich den Alten ähnlich, nur fehlen ihnen die Flügel.

Gegen die Beschädigung durch dieses Insekt ist das Ausnehmen der Nester und Vertilgen der Eier anzuempfehlen, was am besten von Juni bis Juli geschieht. Das Auffinden der Gänge und Nester gelingt am besten nach starkem Morgenthau oder Regen. Das Nest kann bei einiger Vorsicht sammt den es umgebenden Erdschollen ausgehoben werden. Da das Weibchen sich meist ganz in der Nähe aufhält, so kann es bei diesem Anlasse auch getödtet werden. — Auf Wiesen deuten auch Stellen mit abgewelkten, gelben Pflanzen, die nach dem Ausschlüpfen der Jungen sich vergrössern, auf die Brutstätte der Werre hin. — In Gärten kann durch Zerstampfen des Bodens oder Aufgiessen heissen Wassers die Brut zerstört werden. — Hier kann man auch in Blumentöpfen, welche so eingegraben werden müssen, dass der obere Rand derselben unter die Sohle des Ganges zu stehen kommt, die Werren, welche in dieselben auf ihren Wegen stürzen, oft in grosser Anzahl sammeln und vertilgen.

Beschädigung der Stengel oder Blätter.

§. 4.

Nimmt man wahr, dass Pflanzen stellenweise ganz abgefressen wurden, so sind die Veranlasser meistens bräunliche, dunkel gefleckte, 6beinige, flügellose oder geflügelte Schädlinge mit stark verdickten Schenkeln an den Hinterbeinen (Springbeinen), die zu dem Geschlechte der Schricken (Heuschrecken) gehören.

Heuschrecken.

Getreide und andere Kulturpflanzen aber auch Gräser, Unkräuter u. s. w. werden von diesen Schädlingen, die von einer verheerten Fläche oft in grossen Zügen zu anderen weiter wandern, bis auf den Boden abgefressen, Bäume und Sträuche ihrer Blätter beraubt.

Eine der für unsere Gegenden wichtigsten Arten, welche durch ihre Verwüstungen in mehreren Ländern Europas, wie z. B. erst in neuester Zeit in Ungarn sich bemerkbar machte, ist die $6'''-1\frac{1}{6}''$ lange, grau bis braunröthlich gefärbte italienische Schricke mit kurzem dicken Kopfe und mässig langen, schneidigen Fühlern, kantigen mit 3 erhabenen Kielen versehenen Vorderrücken, eiförmigen braungebänderten Deckschildern und rosenrothen Unterflügeln. Die schwarz getüpfelten, gefleckten und mit 3 Binden versehenen Hinterschenkel sind unten so wie die Schienbeine hellroth. Sie wird von den Entomologen *Caloptenus italicus* L. genannt.

Die italienische Heuschrecke legt ihre Eier im August oder September zu 50—60 Stück in eine walzenförmige, mit Hilfe der kurzen Legscheide verfertigten Röhre ab, umgibt diese mit einer klebrigen Masse und bedeckt sie dann mit Erde. Die im Frühjahre auskriechenden flügellosen Schricken (Larven) sind erst im Juli ganz erwachsen.

Das wirksamste Mittel gegen die Beschädigung durch diesen Schädling ist die Vertilgung seiner Brut. Es müssen zu diesem Behufe die Plätze, wo die Eierpäckchen abgelegt wurden, meist unkultivirte Stellen, die sich durch eine grössere Zahl todter Schricken kennzeichnen, umgegraben oder umgepflügt werden. Die aufgebrachten Eierpäckchen werden am besten durch Zerstampfen vertilgt, können aber auch den Vögeln und Witterungseinflüssen überlassen bleiben.

Die Schricken selbst können auf folgende Weise vertilgt werden: die je nach der Witterung und dem Klima zwischen Februar bis Mai auskriechenden Jungen sammeln sich gewöhnlich unter niedrigen Sträuchern in 3—4' grossen, einige Zoll hohen Haufen und sind da in steter Bewegung, so dass sie auffallen und mit leichter Mühe zu Tausenden getödtet werden können. — Später verfolgt man sie in den Frühstunden, am besten an trüben regnerischen Tagen, weil sie dann matt und träge sind. Man kann sie dann entweder mit Streifsäcken einfangen und vertilgen oder mit Baumzweigen todtschlagen. Die getödteten Schricken können in kleinen Partien an Geflügel und Schweine verfüttert werden oder man verbrennt sie oder schüttet sie in Gräben, die sodann mit Erde bedeckt und festgestampft werden müssen. Mit Kalk gemengt wären sie wohl auch zur Düngerbereitung zu verwenden. Zweckmässig ist es auch an Stellen, wo die Schricken häufig sind, Truthühner aufzutreiben, welche sie gern verspeisen.

Ausser der vorgenannten Art ist besonders die durch ihre furchtbaren Verwüstungen berüchtigte, im Juli—August, oft plötzlich in ungeheuren Schwärmen auftretende Wander- oder Zugheuschrecke *(Acridium migratorium* L.) zu erwähnen, die durch ihre Grösse, die langen schmutzigweissen Unterflügel, sowie die erhabene Mittelleiste des Vorderrückens und die bläulichen Fresswerkzeuge sich besonders kenntlich macht.

Ein Mittel, welches gegen diesen furchtbaren Feind aller Saaten angewendet werden kann, besteht darin, dass man am Rande des verwüsteten Feldes einen etwa 1½' tiefen und ebenso breiten Graben aushebt, der im sandigen Boden eine möglichst starke Böschung erhalten, im thonigen aber oben enger sein muss und bei dem die ausgehobene Erde thunlichst steil auf die entgegengesetzte Seite zu bringen ist.

Am Boden der Gräben werden dann in entsprechenden Entfernungen sogenannte Falllöcher (senkrechte Vertiefungen) angebracht. Die durch eine geschlossene Reihe von Treibern mit belaubten Zweigen oder Ruthen aufgestörten Schricken werden gegen diese Gräben vorwärts getrieben. Die Treiber müssen stets in gehöriger Entfernung zurück bleiben und dürfen nur langsam vorrücken, damit der Zug nicht in Verwirrung geräth, sich etwa theilt oder gar nach rückwärts abfliegt. Durch Vorrücken im Bogen von beiden Flanken her kann das Ausweichen der Schricken gehindert werden. Ist der Zug am Graben angelangt, so werden die ermattet am Rande zurückbleibenden Schricken noch vollends hineingejagt, und das Ganze mit Erde überschüttet und zertreten. Zu erwähnen ist noch, dass die Schricken nicht gegen den Wind oder bergan getrieben werden dürfen, da sie sonst bald ermüden, und nicht mehr weiter gehen oder die Richtung ändern. Von diesem Verfahren ist aber nur an kühlen Tagen oder in den Morgenstunden ein entsprechender Erfolg zu erwarten.

Auch diese Art legt ihre Eier von August—September in 1—1½" langen, 3—4''' dicken aussen mit brauner Masse umgebenen Klümpchen in die Erde ab, wobei sie mit Vorliebe Ackerränder oder die an Wegen liegenden Abhänge, öfter wohl auch Rohrbestände wählt, welche sie gerne angreift, daher auch diese im Auge behalten werden müssen.

Die Vertilgung der Eierpäckchen und Jungen wäre wie bei der vorigen Art durchzuführen.

§. 5.

Zeigen die Pflanzen oder Bäume an den Blättern, Trieben oder Blüthen ein krankhaftes Aussehen, verfärben oder verbilden sie sich wie z. B. durch Kräuseln der Blätter, Krümmen oder Zurückbleiben der Triebe im Wachsthum, Fehlschlagen der Blüthen u. s. w. und findet sich an den Stengeln, Stämmen, Zweigen oder Blättern derselben, bei Bäumen oft auch auf den nahe wachsenden Pflanzen ein glänzender Ueberzug von einer klebrigen, süsslichen Flüssigkeit, der sogenannte Honigthau, so sind die Veranlasser zuversichtlich in grosser Anzahl dicht aneinandersitzende, kleine weiche, geflügelte oder ungeflügelte, sechsbeinige Kerfe, von grüner, gelber, brauner oder schwarzer Farbe, die bisweilen auch weiss oder dunkel bestäubt sind. Sie haben einen kleinen Kopf, borstige Fühler und einen ziemlich langen Saugrüssel. An dem Hinterleibe befinden sich 2 nach rückwärts gerichtete dünne Röhrchen, die sogenannten Saftröhren. Diese Kerfe sind allgemein unter dem Namen **Blattläuse** bekannt.

Man findet die Blattläuse an krautigen Pflanzen aber auch an allen Holzpflanzen ohne Unterschied. Sie werden durch das Aussaugen des Saftes sehr schädlich, weil die Pflanzen dadurch geschwächt und ihre normale Entwicklung gehindert wird. Häufig sind sie auch Ursache mehr weniger auffallender Missbildungen und beeinträchtigen den Blüthen- oder Fruchtansatz. Aber auch der sogenannte Honigthau, welcher in der Regel von ihnen stammt, schadet den Pflanzen durch Verstopfung der Spaltöffnungen und wohl auch dadurch, dass er verschiedenen Pilzsporen eine günstige Stätte zur Weiterentwicklung bietet. Diese Ausscheidungen der Blattläuse sind auch der Anlass, dass die davon bedeckten Pflanzen von Ameisen, Bienen und anderen Insekten in Menge aufgesucht werden, wodurch häufig erst auf die Anwesenheit der Blattläuse aufmerksam gemacht wird.

Die Blattläuse, welche auch unter dem Namen Mauken oder Neffen bekannt sind, gehören der sehr artenreichen Kerf-Gattung *Aphis* L. an. Da die vielen Arten in ihrer Lebensweise miteinander übereinstimmen und überhaupt sehr schwierig von einander zu unterscheiden sind, so führen wir die einzelnen Arten, welche meistens nach jenen Pflanzen benannt sind, auf denen sie zuerst beobachtet wurden, obwohl sie gewöhnlich auch auf verschiedenen anderen Pflanzen vorkommen, als für die Praxis von untergeordnetem Werthe, hier nicht an.

Sie überwintern in der Regel im Eizustande. Aus den an Zweigen, zwischen Rindenschuppen oder selbst an abgestorbenen Pflanzentheilen z. B. Getreidestoppeln abgelegten Eiern, erscheinen im Frühjahre flügellose Weibchen, welche sich 4mal häuten und dann ohne Begattung lebendige Junge gebären. Die schon nach etwa 14 Tagen erwachsenen jungen Weibchen bringen ebenfalls lebende Junge zur Welt, es folgt auf diese Weise eine Reihe von Generationen, von denen durch die geflügelten Individuen fortan neue Kolonien angelegt werden. Nur bei der letzten Generation des Jahres treten Männchen und Weibchen auf, es erfolgt dann die regelmässige Begattung und die Weibchen legen ihre Eier ab.

Die Bekämpfung dieser Schädlinge ist ihrer schnellen Vermehrung und ihrer grossen Verbreitung wegen äusserst schwierig und der Landwirth muss sich meist darauf beschränken ihrem allzugrossen Ueberhandnehmen auf seinen Nutzpflanzen entgegenzuwirken. Beim Beschneiden und Reinigen der Obstbäume im Frühjahre können die an jungen Zweigen, Knospen etc. meist in grosser Zahl beisammen liegenden, kleinen braunen oder schwärzlichen oft auch mit Wolle überzogenen Eier zerdrückt oder durch Lehm- oder Kalkanstrich vernichtet werden. Dieses Verfahren ist besonders an Zwerg- und Spalierbäumen oder an jungen Bäumchen überhaupt leicht ausführbar und umsomehr zu empfehlen, als gerade der an den ersten Trieben angerichtete Schade von grosser Bedeutung ist. — Unter Umständen kann auch das Abschneiden, der mit Blattläusen zahlreich besetzten Blätter oder Schosse zweckmässig sein. — Schwieriger noch ist die Bekämpfung der Blattläuse an niedrigen Pflanzen. Bei Gartenpflanzen dürfte das Uebersprítzen mit einem Absude von Wermuth, oder Bestreuen mit Tabakstaub oder Asche noch den meisten Erfolg haben. — Bei Feldpflanzen wäre höchstens das Bestreuen mit Gips oder Asche zur Zeit, wenn sie von Thau nass sind oder nach Regen mit einigem Erfolg anzuwenden. Da erfahrungsgemäss viele Nutzpflanzen erst durch die, von den, auf wildwachsenden Pflanzen sich entwickelnden Blattlauscolonien her sich ausbreitenden Individuen bevölkert werden, so ist es räthlich, die in der Nähe wachsenden, stark mit Blattläusen besetzten Unkräuter nach Möglichkeit zu zerstören und überhaupt die Felder und deren Ränder von Unkräutern aller Art möglichst rein zu halten.

Anhang.

§. 6.

Die Knospen oder jüngeren Triebe der Pflanzen werden durch Ackerschnecke. Schnecken oft abgefressen oder deren zarte Blätter durchlöchert und theilweise verzehrt. Von diesen ist die, während des Tages unter Erdschollen, Steinen, Pflanzen etc. sich verborgen haltende 1" lange, gehäuselose röthlichgraue Ackerschnecke (*Limax agrestis* L.) die gefährlichste.

Junges Getreide, besonders Roggen und Weizen, jungen Klee, alle Gemüsearten, Gräser etc. aber auch Baumfrüchte greift sie an und sind die durch dieselben veranlassten Beschädigungen in feuchten Jahren und namentlich im Herbste am häufigsten.

Diese Nacktschnecke legt ihre hellen, durchsichtigen Eier von August bis zum Herbst, meist in Häufchen von 6—30 Stück in Erdvertiefungen, an Wurzeln und halbverfaulten Blättern u. s. w. ab.

Das Bestreuen der Saaten mit frisch zerfallenem Kalk (2—4 Metzen pr. Joch), mit pulverisirtem Eisenvitriol (50 Pfd. pr. Joch) oder selbst mit gewöhnlichem Viehsalz, wird gegen diesen Schädling gute Dienste leisten; es muss aber dieses Verfahren während der Nacht oder in der Morgendämmerung nach Thau oder Regen angewendet und mehrere Tage hintereinander wiederholt werden.

In Gärten können diese Schnecken durch Kürbisstücke, gelbe Rüben, Kohlblätter, die man an verschiedenen Stellen auslegt, angelockt und am Morgen in Menge vertilgt oder als Geflügelfutter verwendet werden.

Ferner ist auch das Entfernen von, nach der Ernte zurückbleibenden Blättern, Stengeln etc., die als Versteck und zur Unterbringung der Eier benützt werden, zu empfehlen.

II. Abschnitt.

Schädlinge, welche nur einzelne Kulturgewächse angreifen *).

Halmfrüchte.

Beschädigung der Halme oder Blätter.

§. 7.

Wintersaateule. Werden die Herzblätter oder Triebe der Pflanzen von obenher abgefressen oder oberhalb der Wurzel abgebissen, was meist von August bis Oktober während der Nachtzeit geschieht, so ist die Veranlasserin eine bei Tage unter Erdschollen oder nicht unter der Erde sich verbergende, bis 1½" lange, 16füssige Raupe, deren Leib nach vorn etwas verschmälert, glänzend, erdfahl, grau mit grün gemischt gefärbt und mit dunklen Punktwärzchen und schwachen Längsstreifen geziert ist. Kopf und Bauchseite sind hellgrau, die Füsse braungrau.

Die Raupe überwintert und frisst nach der Ueberwinterung noch kurze Zeit, dann verpuppt sie sich in der Erde. Der aus der röthlich-

---

*) Um Wiederholungen zu vermeiden, werden in diesem Abschnitte die bereits im ersten Abschnitte besprochenen, im Allgemeinen schädlichen Insekten nicht besonders angeführt.

braunen Puppe sich entwickelnde Falter ist gelbgrau, schwarzgespreukelt und erscheint von Ende Mai bis Juni. Er wird **Wintersaateule** (*Agrotis segetum* WV.) genannt, hält sich während des Tages verborgen und legt seine mohnsamenähnlichen Eier auf verschiedene Pflanzen ab.

Ausser bei Roggen und Weizen wurden derlei Beschädigungen auch an Reps, Rüben, Kohlarten, Kartoffeln und Tabak beobachtet.

Als Mittel gegen die Beschädigungen durch die Wintersaateule könnte nur empfohlen werden:

Das Sammeln der Raupen während der Nachtzeit und bei Laternenschein, oder das Aufsuchen derselben bei Tage in ihrem, gewöhnlich in der Nähe der Futterpflanze befindlichen Verstecke, wobei ein alter Löffel oder Spatel gute Dienste leisten wird.

Als Vorbeugungsmittel würden sich empfehlen:

Aufackerung der neben den Saatfeldern liegenden öden verunkrauteten Flächen, so wie der Stoppeläcker, worin die Raupen gerne ihr Quartier aufschlagen, in einer Breite von 1—2⁰, was gleichzeitig mit der Saatbestellung derselben geschehen kann;

Gute, rechtzeitige Ackerung mit jedesmaligem Niederwalzen der Furche;

Späte Aussaat des Getreides falls Boden- und klimatische Verhältnisse es gestatten, Niederwalzen der untergebrachten Saat und Aufeggen derselben nach einigen Tagen, da derlei bestellte Saaten dann nicht so leicht beschädigt werden.

Von Raupen ausgefressene Stellen dürfen nicht sogleich wieder besäet werden, weil dann die Nachsaat ebenfalls vernichtet würde.

Ausser der Wintersaateule sind es noch mehrere verwandte Arten, welche in Gesellschaft derselben oder auch allein derlei Beschädigungen veranlassen. Da die hieher gehörigen Arten äusserst schwierig zu unterscheiden sind, in der Lebensweise aber mit ihr im Allgemeinen übereinstimmen und daher nur auf dieselbe Weise bekämpft werden können, so ist es für die Praxis von untergeordnetem Werthe sie einzeln aufzuführen. Zu bemerken wäre nur, dass eine Gruppe derselben die Saaten mehr im Frühjahre, eine zweite Gruppe mehr im Herbste beschädigt. Man nennt diese Arten allgemein **Ackereulen** oder **Erdraupen**.

§. 8.

Wird bemerkt, dass die jungen Weizen- oder Roggenpflanzen bis zur Wurzel abgefressen sind oder ältere Pflanzen mit abgenagten, zerfaserten Halmen, in zerschlitzte Blätterbüschel zusammengewulstet, verdorrt am Boden liegen, so ist der

Getreidelaufkäfer.

Veranlasser dieser zur Nachtzeit stattfindenden Verwüstungen eine Käferlarve, die während des Tages in etwa 6" tiefen Löchern sich verborgen hält. Aus dieser 6-beinigen, von vorn nach hinten sich verschmälernden, gelblichweissen, oben mit braunen Hornschildern versehenen, etwas plattgedrückten bis 1" langen, mit starken Fresszangen bewehrten Larve, deren letzter Körperring einen nach rückwärts gerichteten, beiderseits in einen 3gliedrigen Fortsatz auslaufenden Querhöcker trägt, entwickelt sich der bucklige **Getreidelaufkäfer** *(Zabrus gibbus* F.).

Der Frass der Larve ist dadurch eigenthümlich, dass die Blätter hiebei gleichsam zerknetet werden, so dass häufig die Blattnerven zurückbleiben. Junge Pflanzen gehen in der Regel zu Grunde. Häufig werden nur die jungen Triebe beschädigt und bleiben die älteren Blätter verschont. Bei älteren Pflanzen werden Blätterbüschel und Halme in der Art herabgezogen, dass sie bisweilen wie spiralig zusammengerollt erscheinen, einzelne Büschel werden in die Erde mit hineingezogen, während steife Halme, welche den Larven wahrscheinlich zu viel Widerstand bieten, nur abgenagt kreuz und quer herumliegen.

Die bisher nur an Weizen und Roggen, seltener an Gerste beobachteten Beschädigungen werden zuerst im Herbste bemerkt, und im Frühjahre über immer grössere Flächen fortgesetzt, so dass dann oft nur kleine Flecken davon verschont bleiben. Am häufigsten zeigen sie sich in Neubrüchen, in an Wiesen grenzenden und in solchen Feldern, wo die Vorfrucht Getreide war.

Die Angriffe hören meist Mitte Mai gänzlich auf, zu welcher Zeit sich die Larven zur Verpuppung oft 1½' tief in den Boden vergraben. Der Mitte bis Ende Juni ausschlüpfende Käfer ist 6—7''' lang, walzenförmig und glänzend schwarz mit fadenförmigen pechbraunen Fühlern und ebenso gefärbten Beinen, an denen die Vorderschienen einen doppelten Enddorn tragen. Sein fast 4eckiges Halsschild und die punktirt gefurchten Flügeldecken sind stark gewölbt.

Während der Nacht erklettert er die Halme und frisst die Körner in den Aehren aus, wobei er gewöhnlich am untern Ende der Aehre beginnt, den Tag über hält er sich meist unter Erdschollen, Steinen etc. verborgen.

Was die gegen diesen Schädling zu empfehlenden Mittel anbelangt, so dürften nachfolgende am erfolgreichsten sein:

Sammeln der Käfer bei Tage durch Aufsuchen in ihren Verstecken unter Schollen und Steinen, oder noch besser bei Nacht, wo sie an den Aehren ziemlich fest sich anklammernd, zumeist am Rande der Felder zu treffen sind.

Wird damit gleich nach dem Erscheinen des Käfers begonnen, so wird nicht nur der durch sie zu befürchtende Schaden vermindert, sondern auch das Ablegen der Eier verhindert werden können.

Gegen die Larven selbst vorzugehen, ist jedenfalls schwieriger. Arg verwüstete Stellen dürften am besten umgepflügt und die hiebei gesammelten Larven vertilgt werden und wäre das Feld über Winter in rauher Furche liegen zu lassen. Da die Verwüstungen in der Regel erst im Frühjahre eine besondere Ausdehnung erhalten, so wird meist erst zu dieser Zeit das Umpflügen anzuwenden sein. Jedenfalls wäre aber zu empfehlen, derlei Felder zum Bau von Hackfrüchten zu bestimmen, die von diesen Schädlingen nicht angegriffen werden.

Ob vielleicht die Zerstörung der sehr empfindlichen Puppen durch Anwendung des Untergrundpfluges, was in der 2. Hälfte Mai auf derlei ohnediess neu zu bestellenden Feldern zu versuchen wäre, möglich ist, müsste der Erfolg lehren.

§. 9.

Werden die Blätter der Pflanzen von frei daran sitzenden, 12beinigen, bis $1\frac{1}{2}''$ langen, nach rückwärts etwas verdickten, licht- oder bläulich-grünen, mit feinen lichten Längsstreifen und Borstenwärzchen gezierten Raupen mit kleinem dunklem Kopfe abgefressen, so handelt es sich um die Raupe der sogenannten **Gamma-Eule**.

Mais, Roggen, Weizen, sehr häufig Lein, aber auch Erbsen, Bohnen, Reps, Rüben, Kohlarten, ja selbst Melonen, Kürbisse, Hanf und Gräser werden von dieser Raupe angegriffen. Sie frisst Blätter und Blüthen und verschmäht selbst die unreifen Früchte nicht. Von einem abgefressenen Felde wandert sie zum nächsten und frisst auf ihrem Zuge auch andere niedrige Pflanzen ab.

Obwohl diese Raupe, welche sich auch durch ihren spannerartigen Gang und die bucklige Stellung beim Ruhen charakterisirt, vom Frühjahre bis Herbst vorkommt, so fällt doch die ärgste Verwüstung durch dieselbe gewöhnlich in die Zeit zwischen Ende Juni und August. Sie verpuppt sich an der Pflanze in einem dünnen, weisslichen Gespinnste. Nach 2—3 Wochen kommt daraus der Falter hervor, der graubraune, veilroth gemischte Vorderflügel mit einem gelblich-silbernen vollständig dem griechischen γ gleichendem Flecke zeigt, wesshalb er auch die **Gamma-** oder **Ypsiloneule** (*Plusia gamma*) L. genannt wird. Die Art ist aber auch unter dem Namen Pistolenvogel, **Lein-** und **Zuckererbsen-Eule** bekannt und gehört zu den wenigen Eulen, welche auch im Sonnenschein fliegen. Ihre hellgrünen Eier werden einzeln oder mehrere zusammen auf die Unterseite der Blätter verschiedener Nutzpflanzen und Unkräuter abgelegt.

Es kann mit Erfolg nur gegen die Raupe selbst vorgegangen werden, indem man sie sammelt und vertilgt, was insbesondere beim Lein günstige Resultate geliefert hat. Frauen und Kinder können hiezu verwendet werden. Diese müssen vom Rande des Feldes aus beginnen, und die Pflanzen ohne sie zu erschüttern absuchen, weil sonst die Raupe sich zu Boden fallen lässt. Der etwa durch Betreten des Feldes verursachte Schade ist bei weitem nicht so gross, als der durch die Raupe veranlasste.

Treten die Raupen in solcher Menge auf, dass ihr Weiterwandern zu befürchten ist, so können die noch unversehrten Felder durch ungefähr fusstiefe und breite, möglichst steil ausgehobene Gräben geschützt und die darin sich sammelnden Raupen getödtet werden. In solchen Fällen dürften auch durch Anwendung schwerer Walzen viele Raupen vertilgt werden können.

Bei einer in der Neuzeit vorgekommenen Verwüstung von Zuckerrüben wurde constatirt, dass die Raupe erst, nachdem sie den auf den angrenzenden Feldern wachsenden Hederich gänzlich abgefressen hatte, auf die Zuckerrübenfelder wanderte. Dieses Beispiel liefert den Beweis, dass der Landwirth selbst die auf den Unkräutern der Felder lebenden Insekten nicht unbeachtet lassen darf, zumal dann, wenn sie in grösserer Menge auftreten. Wir werden im Verlaufe dieser Schrift noch öfter Gelegenheit finden, auf ähnliche Thatsachen hinzuweisen.

§. 10.

Sechsfleckige Zwergzirpe. Zeigen die Pflanzen gelbliche oder röthliche Flecke am Halme und an den Blättern oder werden sie ganz weisslich (wie von Frost versengt), so wird sich als Veranlasserin, meist in grösserer Zahl an der Pflanze sitzend, eine kleine, 6beinige, hüpfende, citronengelbe, schwarzfleckige Larve mit stumpfdreieckigem breiten Kopfe, grossen Augen und kurzen Fühlern vorfinden, aus der sich später die 6fleckige **Zwergzikade** oder **Zwergzirpe** entwickelt.

Die von der Larve befallenen Pflanzen werden von ihr vollständig ausgesogen und gehen zu Grunde.

Zumeist werden Gerste, Hafer und Weizen durch sie beschädigt und es scheint, dass sie von, an Bachufern, Strassengräben wachsenden Pflanzen aus sich auf die Felder weiter verbreitet.

Das vollkommene Insekt, welches sich vorzüglich durch die bräunlichgelben durchscheinenden Ober- und milchweissen Unterflügel von der Larve unterscheidet, führt seinen Namen von den 6 schwarzen Flecken am Kopfe und nennen es die Entomologen *Jassus sexnotatus* Fall.

Als einziges Mittel gegen die Beschädigung dieses Insektes ist das Abschöpfen gleich nach dem ersten Erscheinen des Schädlings mit Schmetterlingshamen zu empfehlen, da hiedurch die noch unversehrten Stellen vor ihren Angriffen geschützt werden.

§. 11.

Wenn man bemerkt, dass die Oberhaut der Blätter streifenweise abgenagt ist und diese Stellen gelb werden, so ist der Veranlasser dieser Beschädigung ein von Mai bis Juni auftretender, langgestreckter zierlicher Käfer, der entweder ganz blau oder blaugrün gefärbt ist und nur schwarze Fühler und Füsse hat, oder bei gleicher Färbung durch gelbrothes Halsschild und ebenso gefärbte Schenkel und Schienen sich unterscheidet und zur Gattung der **Getreidehähnchen** gehört. *[Marginalie: Getreidehähnchen.]*

Die 6beinigen, schmierigen, dicken schneckenähnlichen Larven derselben greifen auf gleiche Weise die Pflanzen vom Juni bis Juli an. Sie verpuppen sich Ende Juli in der Erde und liefern im August die 1½ bis 2‴ langen Käfer, welche unter dem Namen Getreidehähnchen und zwar des blauen (*Lema cyanella* L.) oder rothrückigem (*Lema melanopa* L.) bekannt sind.

Hafer und Gerste werden auf diese Weise beschädigt, gewöhnlich aber nur Gräser, an denen indessen der Schade viel weniger auffällt.

Falls diese Schädlinge in grösserer Menge auftreten, ist das Abschöpfen der Käfer und Larven mittelst des Fangsackes zu empfehlen. Durch Stürzen der Felder nach der Ernte könnten auch die Puppen zerstört werden.

§. 12.

A. Nimmt man wahr, dass die jungen Pflanzen namentlich deren Herzblätter gelb werden, verwelken und absterben, und findet man bei näherer Untersuchung der äusserlich unbeschädigten, nur unten öfter zwiebelförmig verdickten Pflanze, nach Entfernung der Blattscheiden dicht ober der Wurzel an dem daselbst verdünnten, gebräunten, aber nicht angefressenen Halme eine oder mehrere 1½‴ lange, vorne schmälere, weissliche, scheinbar kopf- und fusslose Larven (Maden) oder dunkelkastanienbraune auf einer *[Marginalie: Hessenfliege.]*

Seite glatte, auf der andern gewölbte (schiffchenähnliche) Puppen, so muss die Anwesenheit der berüchtigten **Hessenfliege** befürchtet werden.

In Folge der bezeichneten Beschädigung zeigen sich die befallenen Wintersaaten oft stark gelichtet oder streckenweise ganz zerstört, was bisher nur an Weizen und Roggen beobachtet wurde.

Aus der Puppe entwickelt sich im Frühjahre die zarte schwarze 1 — 1½''' lange Mücke, **Hessenfliege** oder **Weizenverwüster** (*Cecidomyia destructor* Say.) genannt, welche ihre Eier an die Sommersaaten ablegt, an welchen die Made die bezeichneten Verwüstungen anrichtet. Aus den Puppen dieser letzteren entwickeln sich vom Juli—August wieder Mücken, die ihre Eier auf die Wintersaaten ablegen. Die Mücke erscheint daher in 2 Generationen.

Rücksichtlich der Mittel gegen diesen fürchterlichen Schädling wäre Folgendes zu erwähnen:

Der Anbau der Wintersaaten soll nicht vor Anfang Oktober erfolgen, da die Mücke ihre Eier nur bis September ablegt. Dieses Mittel kann aber eben nur dort Anwendung finden, wo Boden und klimatische Verhältnisse eine Spätsaat räthlich erscheinen lassen.

Da der Erfahrung gemäss die Mücken ihre Eier auch auf, durch Samenausfall hervorgerufenen Nachwuchs absetzen, so müsste dieser im Spätherbst tief untergepflügt werden und die Bestellung im Frühjahre auf der Herbstfurche erfolgen. — Auch könnten gleich nach der Ernte einige Furchen mit Weizen bestellt werden, um die Weibchen zum Eierablegen auf diesen zu veranlassen. Diese Köderung müsste jedoch noch im Herbste untergepflügt werden.

Der Nachwuchs vom Samenausfall auf Feldern, wo Klee untergesäet wurde, müsste durch Abweiden entfernt werden.

Die durch die Mücken arg gelichteten Wintersaaten sollen vor April tief untergepflügt werden. — Ist die Zahl der angegriffenen Pflanzen eine nur geringe, so könnte das Ausziehen und Vertilgen der beschädigten Pflanzen veranlasst werden.

Auf Feldern, in deren Nähe ein massenhafteres Auftreten der 2. Generation dieser Mücken beobachtet wurde, wäre der Anbau von Sommer-Weizen und Roggen zu vermeiden und Gerste nicht vor Ende Mai zu säen.

Das empfohlene Schröpfen oder Abweiden der Saaten dürfte darum weniger anzurathen sein, weil einestheils ein Erfolg nur dann zu erwarten ist, wenn diese Massregel gleich nach der Eierablage angewendet wird, anderntheils das Beschädigen oder Aufhalten im Wachsthum der Saaten unvortheilhaft erscheint.

Die Puppen der 1. Generation bleiben nach der Ernte in den Stoppeln am Felde zurück und ist daher der Feind dadurch ganz in unsere Hand gegeben. Es wäre desshalb das Abbrennen der Stoppel, oder falls dagegen Bedenken obwalten, das tiefe Stürzen derselben gleich nach der Ernte ganz geeignet, den Beschädigungen soviel als möglich vorzubeugen. Einen durchgreifenden Erfolg würde dieses Mittel aber nur dann gewähren, wenn das Abbrennen oder Stürzen gleich nach der Ernte allgemein und alljährlich stattfände, und wäre diess umsomehr anzustreben, als hiedurch ausser der Hessenfliege auch noch andere Schädlinge vertilgt würden.

B. Zeigen sich kurze Zeit vor der Ernte die Halme in grösserer oder geringerer Zahl eingeknickt und umgebrochen und nimmt die Zahl der so beschädigten Halme besonders nach stärkerem Winde oder Regen zu, so dass das Feld immer mehr das Ansehen erhält, als wäre es vom Hagel getroffen oder Vieh durch dasselbe getrieben worden, so wird man an den beschädigten Halmen meist zwischen den 2 untersten Knoten dieselben wie eingeschnürt, verschrumpft und gebräunt und daselbst eine oder mehrere 1''' lange, dunkelkastanienbraune, fast schiffchenförmige Puppen wahrnehmen, welche Beschädigung gleichfalls die Hessenfliege als Veranlasserin hat.

Da eine Abhilfe in diesem Stadium nicht möglich ist, so bleibt nichts übrig, als durch Vernichtung des Feindes seine Zahl zu beschränken und künftigem Schaden vorzubeugen, was durch baldiges Abmähen der Saat und Abbrennen oder tiefes Stürzen der nicht zu kurz belassenen Stoppeln geschehen kann.

§. 13.

Wenn die Herzblätter der jungen Pflanzen gelb werden, verwelken und sich leicht herausziehen lassen, so wird man, wenn man die umhüllenden Blattscheiden wegnimmt, dieselben ihrer ganzen Länge nach bräunlich, fadendünn und an der Stelle, wo sie am Halme aufsitzen, angenagt finden. Es werden sich daselbst meist eine, seltener mehrere etwa $1^{1}/_{2}'''$ lange, gelblichweisse, nach vorn verschmälerte, hinten stumpfe, fuss- und kopflose Larven (Maden) oder dunkle querrissige Puppen zeigen, aus denen sich die sogenannte **Fritfliege** (*Oscinis Frit* L.) entwickelt.

Junge Pflanzen gehen dann zu Grunde und lassen nur trockene Blattscheiden zurück, bei älteren Pflanzen zeigen sich die obigen Erscheinungen nur, wenn eine grössere Zahl von Maden vorhanden ist. Sind aber weder der Halm noch die Terminalknospe arg beschädigt, so entwickeln sich am Grunde derselben neue Triebe. Die Maden finden sich nicht wie bei der Hessenfliege unmittelbar über der Wurzel, sondern 1½''' hoch über dem Boden, am häufigsten an kräftig entwickelten Seitentrieben.

Roggen und Weizen-Wintersaaten werden auf diese Weise beschädigt. Die Maden verpuppen sich noch vor dem Winter und liefern im März und April die kleinen, glänzend schwarzen, lebhaften Fliegen, die ihre Eier auf die Sommersaaten von Roggen, Weizen, Gerste, Hafer aber auch an Gräser ablegen, welche von den Maden auf dieselbe Weise wie die Winterung beschädigt werden.

Die aus den Puppen derselben Anfangs Juni erscheinenden Fliegen legen ihre Eier an den Aehren von Hafer und Gerste ab. Die Maden nähren sich von den noch weichen Körnern, welche sie theilweise oder ganz zerstören.

Die aus den Puppen dieser Generation im August sich entwickelnden Fliegen wählen zum Ablegen der Eier die Wintersaaten. — Diese Fliege tritt daher in 3 Generationen auf.

Was ihre Bekämpfung anbelangt, so gilt für sie das schon bei der Hessenfliege ausführlich Angeführte; nämlich:

Nicht zu frühe Aussaat der Winterfrucht; spätes Unterpflügen des durch Samenausfall hervorgerufenen Nachwuchses; Beseitigen oder Unterpflügen der beschädigten Pflanzen; Unterlassung des Anbaues von Sommersaaten in der Nähe der von dieser Fliege beschädigten Winterung; Stürzen der Felder gleich nach der Ernte und schneller Ausdrusch des Getreides.

Aehnliche Beschädigungen an jungen Pflanzen wie die eben besprochenen, werden auch von einer zweiten Fliegenart derselben Gattung und von 2 Arten aus der Gattung der sogenannten Wiesenfliegen (*Opomyza*) veranlasst und dürften wohl noch mehrere verwandte Arten daran Theil nehmen. Zur Bekämpfung aller dieser Arten werden dieselben Mittel in Anwendung zu bringen sein.

§. 14.

Getreideblumenfliege.

Wenn die innersten Blätter gelb werden und abwelken und man im Innern der jungen meist etwas verdickten Halme eine etwa 2½''' lange, walzige, beiderseits etwas verschmälerte, ziemlich aufgedunsene Made, oder am untersten Theile der ausgefressenen Höhlung eine gleichlange, walzige, dunkelbraune Tonnenpuppe trifft, so rührt die Beschädigung von einer Fliege aus der Gattung der **Blumenfliegen** her.

Durch das Einbohren der Made und das Abfressen der Terminalknospe wird die Weiterentwicklung des Halmes gestört. Diese Beschädigung wurde an Roggen, Weizen, Gerste und Hafer beobachtet.

Die aus der Puppe sich entwickelnde 2′″ lange schwarze Fliege gleicht im Aussehen der Stubenfliege und wird Getreide-Blumenfliege (*Anthomyia Haberlandtii* Schin.) genannt. Sie tritt in 2 Generationen auf; die von April bis Mitte Mai erscheinenden Fliegen der 1. Generation legen ihre Eier auf die Sommersaaten ab, jene der 2. Generation, welche vom August bis Ende September erscheint, an die Wintersaaten. Die Art der Beschädigung durch die Maden ist bei beiden Generationen die gleiche.

Gegen diesen Feind sind dieselben Mittel, wie gegen die Hessenfliege (s. Seite 16): Spätsaat, Unterpflügen des Nachwuchses im Spätherbst, Köderung u. s. w. anzuwenden.

§. 15.

A. Zeigen sich an den jungen Pflanzen der Wintersaaten die obersten und innersten Blätter verdorrt oder die Halme etwas verdickt und bemerkt man, wenn man die Blattscheiden ablöst, eine spiralig verlaufende gelbbraune Linie, so wird sich auch im Innern des Halmes der Beschädiger, eine 2½—3′″ lange, glänzende, gelblichweisse, walzenförmige, nach vorn zugespitzte Made oder eine schwach abgeplattete, leicht bräunliche, an beiden Ende dunklere Tonnenpuppe entdecken lassen.

Grünäugige Halmfliege.

Die von diesem Schädling befallenen Pflanzen zeichnen sich vor den gesunden meist durch bedeutendere Dicke aus, bleiben aber kürzer. Von mehreren aus derselben Wurzel treibenden Halmen ist gewöhnlich nur einer oder der andere von dem Insekte angegriffen und in Folge des Einbohrens der Made oder durch Abfressen der Endknospe in der weiteren Entwicklung zurückgeblieben und zerstört. Weizen und Roggen gehen auf diese Weise zu Grunde.

Aus der Puppe entwickelt sich von Mitte April bis Anfang Juni eine 2′″ lange, gelbliche, schwarzgestreifte Fliege mit prächtig grünschimmernden Augen, die unter den Namen der gestreiften, grünäugigen Halmfliege (*Chlorops strigula* F.) bekannt ist. Die Fliege legt ihre Eier auf dem Sommergetreide ab, wo die Made das Steckenbleiben der Aehre in der Scheide veranlasst. — Sie tritt daher in 2 Generationen auf.

Zur Bekämpfung dieses Feindes wären auch hier die schon öfter erwähnten Mittel empfehlenswerth, nämlich:

Späte Aussaat, wenn diess thunlich, nicht vor Anfang Oktober;
Umpflügen des durch Samenausfall veranlassten Nachwuchses im Spätherbste, oder Bau einer Köderung und deren späteres Umpflügen;

Abweiden des Nachwuchses in Feldern mit Kleeeinsaat; Unterpflügen arg gelichteter Stellen schon vor April oder Beseitigen der beschädigten Pflanzen, wenn ihre Zahl nicht allzugross ist.

Das Ablegen der Eier auf die Sommersaaten lässt sich wohl nicht verhindern, es ist aber Alles, was eine kräftige und schnelle Entwicklung der Pflanzen fördert, geeignet, den Schaden zu mindern.

Das sonst noch empfohlene Beseitigen der Pflanzen, an denen die Aehren in den Scheiden zurückgeblieben sind, lässt sich wohl nur am Rande der Felder oder bei sehr schmalen Beeten versuchen und dürfte schwer durchführbar sein.

Weit eher dürfte der angestrebte Zweck, das Auskommen der 2. Generation theilweise zu verhindern, durch allsogleiches Ausdreschen des Getreides nach der Ernte erreicht werden.

B. Bleibt die Aehre in der Blattscheide zurück oder tritt sie nur zum Theile aus derselben hervor, fehlen die Körner ganz oder sind sie klein und zusammengeschrumpft geblieben, oder vielleicht nur auf einer Seite entwickelt, so wird man, wenn die Blattscheide entfernt wird, eine von der Aehre bis zum obersten Knoten verlaufende seichte Rinne wahrnehmen, in welcher der Veranlasser dieser Beschädigung, die eben beschriebene Made des Grünauges oder deren Puppe liegt.

Der Frass beginnt in diesem Falle entweder an der Basis des einzelnen Aehrchens oder knapp unter der Aehre, und wird bis in die Nähe des obersten Knotens fortgesetzt. Die ganz gerade oder etwas gekrümmte Rinne ist gewöhnlich durch die Excremente der Made etwas dunkler gefärbt, welche Färbung auch die sonst unverletzte Blattscheide an ihrer Innenseite zeigt. In Folge des Annagens bleibt der oberste Theil des Halmes im Wachsthume zurück und es verkümmern je nach dem früheren oder späteren Auftreten des Schädlings in bedeutenderem oder geringerem Grade die Körner. — Der Verlust an Körner- und Strohertrag ist durch diese Art der Beschädigung, die bisher an Gerste, am Weizen, Roggen und Hafer beobachtet wurde, oft bedeutend.

Was die Mittel zur Verhinderung des Schadens anbelangt, so sind es, da es sich um dieselbe Fliegenart handelt, die bereits oben besprochenen.

Ausser der genannten Fliege führen noch mehrere Gattungsverwandte dieselbe Lebensweise, wir gehen aber nicht weiter auf sie ein, da gegen sie ebenfalls nur die obigen Mittel angewendet werden könnten.

§. 16.

Werden die Aehren in geringerer oder grösserer Anzahl vorzeitig bleich, so dass sie fast weiss erscheinen und lassen sich dieselben leicht aus der Blattscheide ziehen, weil sie über den obersten Knoten stark an- oder ganz abgefressen sind, so ist die Veranlasserin dieser Beschädigung eine 8—10''' lange, 16beinige, mattbraungelbe, vorn und hinten verschmälerte, spärlich fein behaarte Raupe mit etwas dunklerem Kopfe, aus der sich später die sogenannte **Halmschabe** (*Ochsenheimeria taurella* W.) ein kleiner Falter entwickelt.

Nur selten und zwar nur dann, wenn das oberste Halmstück sehr kurz ist, findet sich die angefressene Stelle unter dem obersten Knoten. Die sehr lebhafte Raupe selbst ist in der Regel nicht an der Frassstelle, zu treffen, da sie sich nicht mit nur einer Pflanze begnügt, sondern von einer zur andern wandert, es deuten aber gewöhnlich einige Kothklümpchen an der Frassstelle auf sie hin; zuweilen findet sich daselbst die todte, von Schlupfwespenbrut besetzte Raupe.

Die Raupe dieser Art ist im Juni ganz erwachsen und verpuppt sich dann in einem festen, feinen, seidenartigen, weissen Gespinnste zwischen dem röhrenförmig zusammengezogenen Endblatte des Halmes oder auch an einem tiefer stehenden Blatte.

Den von Mitte Juli an erscheinenden kleinen Falter sieht man später häufig an den Spitzen der Gräser und Roggenhalme der Wintersaat, an denen er seine Eier einzeln ablegt.

Im Herbste findet man die jungen etwa 4''' langen und in diesem Alter gelblichgrünen, braungestreiften Räupchen auf Gräsern und Saaten, wo sie zwischen den Blättern nach abwärts vordringend, sich in die junge Pflanze einbohren und die jungen Triebe anfressen.

Derlei Pflanzen zeigen sich dann verdickt und haben gelbliche oder vertrocknete Herzblätter.

Die Raupe überwintert in einer der beschädigten Pflanzen und setzt ihre Beschädigungen fort, welche dann mehr ins Auge fallen.

Was die Bekämpfung dieses Schädlings anbelangt, so ist demselben seiner Lebensweise wegen nur sehr schwer beizukommen.

Es dürfte gelingen, durch baldigen Ausdrusch des betreffenden Getreides einen Theil der Puppen zu zerstören oder durch Beseitigen der beschädigten Halme der Wintersaaten im Spätherbste die Verbreitung desselben zu verhindern.

§ 17.

Getreidehalmwespe. Wenn die in gleicher Weise bleich erscheinenden Aehren einer grösseren oder geringeren Anzahl von Pflanzen sich nicht aus der Blattscheide ziehen lassen, so rührt die Beschädigung von einer andern Kerfart her. Es wird sich dann später, wenn auch die gesunden Aehren zu bleichen beginnen, zeigen, dass die früher verbleichten ganz oder in ihrer oberen Hälfte taub sind und ausserdem werden die Halme oberhalb der Wurzel leicht von Wind und Regen umgebrochen. Spaltet man einen solchen Halm von unten nach oben, so wird man alle oder einige Knoten durchbohrt und im Innern des Halmes eine glänzende, gelblichweisse, stark eingeschnürte, nach rückwärts verschmälerte Larve (Afterraupe) mit bräunlichem Kopfe antreffen, die herausgeschält, eine fast ∼-förmige Lage annimmt, oder zur Erntezeit in einer dann etwas vergrösserten Höhlung ober der Wurzel einen durchsichtigen glasartigen Cocon (Gespinnst), aus dem im Frühjahre eine 4‴ lange, glänzend schwarze, gelbgefleckte, breitköpfige Wespe, mit schmächtigem Hinterleibe und braungeaderten Flügeln hervorbricht, welche unter den Namen **Zwergsäge-** oder **Getreidehalmwespe** (*Cephus pygmaeus* L.) bekannt ist, und die ihre Eier einzeln am obersten Halmtheile mit der Legeröhre einführt.

Roggen und Weizen sind den Angriffen dieser Wespe am meisten ausgesetzt. In Folge des Abnagens der inneren Theile durch die Larve, trocknen die oberen Halmpartien, wo der Frass beginnt, aus und werden bleich, daher sich die Larve, um saftige Nahrung zu erhalten, immer mehr nach abwärts zieht, und hiebei die Knoten (Querwände) durchnagt.

Je nachdem die Ernte früher oder später vorgenommen wird, sind die Larven zu dieser Zeit entweder noch zum grössten Theile im Halme oder bereits in der Nähe der Wurzel angelangt.

Im ersten Falle wird es daher gerathen sein, möglichst kurze Stoppeln zu lassen, da dann die mit eingeerntete Larve zu Grunde geht, was schneller Ausdrusch noch mehr fördert und sichert. Bei spätem Schnitte dagegen, wo voraussichtlich die meisten Schädlinge bereits im untersten Theile angelangt sind, ist es zweckmässiger längere Stoppeln zu lassen und sie gleich nach der Ernte abzubrennen oder durch tiefes Stürzen unterzubringen, um die Entwicklung der Wespe zu verhindern. Das Ausraufen der Stoppeln ist schon darum unsicherer, weil gerade die vom Feinde bewohnten Stoppeln leichter, abreissen und dann die Larve meistens im Wurzelstocke geborgen zurückbleibt.

§. 18.

Gewahrt man Ende August oder Anfangs September in **Hirsezünsler.** den Hirse- oder Maisfeldern mehr oder weniger vergilbte, eingeknickte oder abgebrochene Pflanzen, an deren Halmen bei näherer Untersuchung kleine runde Löcher und an den Blättern oder am Boden weissliche Excremente, sogenanntes Wurmmehl auffallen und spaltet man einen solchen Halm, so wird man darin eine oder mehrere $^3/_4 - 1'''$ lange, 16beinige, nackte, graubraune, mit schwarzen Wärzchen besetzte, am Bauche weissliche Raupen mit kastanienbraunem Kopfe finden, aus denen sich später ein Falter, der sogenannte **Hirsezünsler** (*Botys cerealis* L.) entwickelt.

Diese Raupe verzehrt das Mark und durchnagt die Knoten, wodurch der Halm gelb und so geschwächt wird, dass er leicht umknickt oder ganz abbricht, so dass die Körner meistens nicht reif werden. Sie dringt bis zum Würzelstocke hinab, wo sie sich, wenn sie völlig erwachsen ist, in einem seidenartigen Cocon verpuppt.

Aus der Puppe entwickelt sich im Juli des nächsten Jahres der kleine graubraune ockergelb gefleckte oder ockergelb dunkelbebänderte Falter, der seine Eier an die Blätter oder Stengel der Futterpflanze ablegt.

Am häufigsten kommt dieser Schädling in der Hirse vor; bei dem viel widerstandsfähigeren Mais zeigen sich diese Erscheinungen meist nur wenn eine und dieselbe Pflanze von mehreren Raupen angegriffen wird. Man findet dann die gewöhnlich auf ihrer halben Höhe gebrochenen Halme entweder nur mit einigen Fasern am untern Theile hängend oder ganz getrennt am Boden liegen. Der Bruch geht durch einen missfärbigen, mürben, innen zerfressenen Knoten. Spaltet man einen solchen Halm, so zeigen sich darin senkrecht verlaufende Höhlungen, von welchen aus Gänge an die Oberfläche führen, die hier als rundliche Löcher enden. Die Raupe entfernt durch diese Löcher ihre Excremente, die dann auf den Blättern, Blattscheiden, oder am Boden herumliegen und auch bei den bereits angegriffenen aber nicht gebrochenen Pflanzen die Anwesenheit des Feindes verrathen.

Ausser Hirse und Mais wurden derlei Beschädigungen auch beim Hanf und Hopfen bemerkt.

Auch hier dürfte das tiefe Stürzen der Stoppel oder Abbrennen derselben gegen diesen Schädling am meisten empfohlen werden.

Beim Mais wird bei normaler Entwicklung die Ausbildung der Körner meistens schon zu weit vorgeschritten sein, um noch erhebliche Beschädigung durch diesen Feind zu erleiden. In nassen Sommern hingegen, wo sich die Entwicklung verzögert und die Pflanze länger im saftgrünen Zustande bleibt, dürfte dieser Feind, falls die Witterung des Herbstes und Winters im Vorjahre seiner Ueberwinterung günstig war, bedeutende Beschädigungen anrichten, um so mehr, da in solchen Jahren, des ohnehin reichlicher vorhandenen andern Grünfutters wegen, das Abgipfeln des Maises lässiger betrieben wird und daher weniger Schädlinge hiedurch vernichtet werden. Es soll daher das Abgipfeln in solchen Jahren ja nicht verabsäumt werden und ist auch sehr empfehlenswerth die abgeernteten Halme zu verbrennen.

Beschädigung der Blüten und Körner.

§. 19.

Weizengallmücke. Wenn die Aehren taub getroffen werden, oder sich nur verkrüppelte, meist an einem Ende verschrumpfte Körner in denselben vorfinden und ausserdem jene ein weissfleckiges, oft auch fast brandiges Ansehen haben, das durch die dann schwarzgefleckten Spelzen veranlasst ist, so ist der Schädling eine 1—1½''' lange, fuss- und kopflose Larve (Made), welche sich von dem Safte des sich entwickelnden Fruchtknotens nährt und daher das gänzliche Fehlschlagen oder Verkrüppeln der Körner verursacht. Erwachsen schnellt sich die Made aus der Aehre und begibt sich in die Erde, wo sie sich verpuppt. Seltener bleibt sie länger in den Aehrchen, wo sie dann noch bei der Ernte getroffen wird.

Aus der Puppe entwickelt sich im nächsten Jahre eine ¾''' lange, citronengelb gefärbte Mücke, die **Weizengallmücke** (*Diplosis tritici* Kirby.), welche ihre Eier in die Blüten ablegt.

Man sieht Ende Mai und Anfangs Juni, an schönen, windstillen Abenden diese Mücke oft die Aehren umschwärmen oder auch in solcher Anzahl darauf sitzen, dass die Aehren von der Ferne gesehen in der Blüte zu stehen scheinen. Bei Tage sind sie zwischen den Halmen versteckt.

Am häufigsten wurden die Maden in Weizen und Roggen beobachtet, sollen aber auch an Windhafer und Gräsern überhaupt vorgekommen sein.

Am meisten wäre gegen diesen Feind zu empfehlen:

Das Stürzen der Stoppel gleich nach der Ernte, um die seicht in der Erde liegenden Maden zu zerstören. — Finden sich bei der Ernte in den Aehren noch solche Maden vor, so ist baldiger Ausdrusch und Vernichtung des hiebei und bei der Körnerreinigung erhaltenen Abfalles anzurathen.

Das Abschöpfen der Mücken, wenn sie rechtzeitig bemerkt werden, und diess allgemein durchgeführt würde, wäre gewiss von Erfolg.

Es gibt noch eine zweite nächstverwandte Art, welche sich von ihr vorzüglich durch die orangegelbe Färbung unterscheidet und die

Saaten auf dieselbe Weise beschädiget, daher auch für sie das obige Verfahren gilt.

§. 20.

Oft werden Blüthen und Körner an den Aehren von 4—6''' Ackerlaubkäfer. grossen Käfern angefressen, die bei Tage an den Aehren sitzen und leicht auffallen. Der etwas flachgedrückte, dunkelgrüne, glänzende, mehr weniger behaarte Körper dieser Käfer trägt lichtere oder dunklere braune Flügeldecken, ohne oder mit schwarzen Zeichnungen. Das nach vorn schmäler werdende Kopfschild ist an der Spitze etwas zurückgebogen. Die 9gliedrigen Fühler haben einen in 3 Blätter gespaltenen Endknopf.

Sie gehören der Gattung *Anisoplia* Lepell. an und ähneln in der Gestalt den bekannten Maikäfern. Es haben bereits mehrere Arten dieser Gattung solche Beschädigung veranlasst.

Sie treten Ende Mai bis Juni oft in grosser Zahl auf und beschädigen Roggen, Gerste, Weizen, Hafer. Sie legen ihre Eier in die Erde ab, ihre Larven (Engerlinge) führen eine ähnliche Lebensweise wie der Maikäferengerling.

Als einziges Mittel ihren Beschädigungen zu begegnen, ist das Sammeln und Vertilgen der an den Aehren ziemlich festsitzenden Käfer. Dies kann jedoch nur an heiteren Tagen geschehen, weil die Käfer an trüben und regnerischen sich verbergen. Man bedient sich hiezu am besten irdener Töpfe, in welche die abgenommenen Käfer gebracht und dann in Deckelbutten oder sehr starke Säcke geleert werden. Die zerquetschten oder mit siedend heissem Wasser getödteten Käfer können als Geflügel- oder Schweinefutter, oder mit Kalk gemengt als Dünger verwerthet werden.

§. 21

Aehnliche Beschädigungen veranlasst ein 4—5''' grosser, unten Weisszottiger zottig grauweissbehaarter, schwach metallisch glänzender, schwarzer Rosenkäfer. weissgefleckter Käfer, der unter dem Namen *(Cetonia) Epicometis hirtella* L. bekannt ist und sich von dem gemeinen glänzend grünen Gold- oder Rosenkäfer noch durch das vorne in 2 Zähne getheilte Kopfschild und die scharf erhobene Mittelleiste des Halsschildes unterscheidet.

Er ist als Schädling bisher nur aus Ungarn bekannt, wo er die Aehren bis auf die Spindel und die Blütenknospen der Rapssaat ganz abgefressen hat.

Bei uns findet man ihn gewöhnlich auf Wiesenblumen. Jedenfalls wäre er auch bei uns im Auge zu behalten.

Schädliche Insekten. 4

Seine Larve (Engerling) lebt in Dunghaufen. Seine Vertilgung könnte ebenfalls nur in obiger Weise geschehen.

Dasselbe gilt auch von dem nächst verwandten gelbhaarigen Rosenkäfer *(Oxythyrea stictica* L.), welcher sich von ihm vorzüglich durch die sparsamere mehr gelbliche Behaarung, den stärkeren Glanz und das Vorhandensein von nur 2 statt 3 Zähnen am Aussenrande der Vorderschienen unterscheidet und durch die Beschädigung der Blüthen und Früchte des Getreides und der Hülsenfrüchte in Dalmatien die Aufmerksamkeit auf sich lenkte.

§. 22.

Queckeneule. Zuweilen findet man die Körner in den Aehren ihres Inhaltes beraubt oder abgenagt, was durch eine zwischen den Grauen oder Spelzen verborgene, ungefähr $^3/_4'''$ lange, 16beinige, nach hinten verschmälerte, braungraue, mit schwarzen Wärzchen und 3 weisslichen Längslinien gezierte Raupe veranlasst wird.

Diese Raupe bohrt sich in der Jugend in das noch weiche Korn ein und lebt von dessen Inhalt; grösser geworden verlässt sie dasselbe, verbirgt sich zwischen Spelzen und Grauen und setzt ihre Verwüstungen fort. Sie fällt ihrer Färbung wegen wenig auf und ihre Anwesenheit wird meist erst bei der Ernte oder am häufigsten in der Scheune bemerkt, wenn sie beim Abladen der Garben aus den Aehren gerüttelt wird. Man sieht sie dann oft in grosser Zahl am Boden herumkriechen. Werden sie da nicht weiter beachtet und nicht sorgfältig entfernt und vertilgt, so setzen sie ihre Verwüstung bis zum Eintritt der kalten Jahreszeit fort.

Nach der Ueberwinterung verlassen sie die Scheune und verpuppen sich in der Erde.

Im Mai entwickelt sich aus dieser Raupe ein rostbrauner Falter, die sogenannte Queckeneule (*Apamea basilinea* W V.)

Die Raupe nährt sich in der Regel von Gräsern, bei starker Vermehrung aber, oder wenn durch kaltes Frühlingswetter die Entwicklung des Falters verzögert wird, scheint derselbe die zarten Getreideähren den festeren blattlosen Grasstengeln zum Ablegen seiner Eier vorzuziehen.

Ausser Roggen und Weizen wird auch Mais von der Queckeneule angegriffen.

Da am Felde ihre Anwesenheit meist übersehen wird, so lässt sich kaum etwas gegen sie vorkehren, zumal das Sammeln oder Abschöpfen derselben wenig Erfolg haben dürfte.

Es bleibt daher nur übrig, die in den Scheunen aufgefundenen Raupen zusammenzukehren und zu vernichten oder, um weiteren Schaden vorzubeugen, den alsogleichen Ausdrusch des verdächtigen Getreides zu veranlassen um die darin lebenden Raupen zu vertilgen.

Ausser diesem Schädling hat auch die Raupe der „mattgezeichneten Eule" (*Hadena infesta* H.) schon ähnlichen Schaden angerichtet. Da diese Raupe sich in Gestalt und Färbung wenig von der vorgenannten unterscheidet und auch in ihrer Lebensweise mit derselben übereinstimmt, so wollen wir ihrer bloss erwähnen zumahl auch für sie das oben Gesagte Geltung hat.

Beschädigung der Körnervorräthe.

§. 23.

Bemerkt man in dem am Schüttboden aufbewahrten Getreide in grösserer oder geringerer Anzahl Klümpchen untereinander durch Gespinnst verbundener Körner und sgt. Wurmmehl, so wird sich bei näherer Untersuchung zwischen denselben oder in einem der ausgefressenen Körner eine etwa 4''' lange, 16beinige, gelblichweisse Raupe mit bräunlichem Kopfe, der sogenannte Kornwurm, vorfinden, aus der sich vom April bis Juli eine kleine Falterart mit silberig weissgrauen, dunkelbraun gefleckten Vorderflügeln und fadenförmigen Fühlern, die sogenannte **Kornmotte** oder **Schabe** (*Tinea granella* L.) entwickelt. Weisser Kornwurm.

Besonders im August und September, wo die Raupe ausgewachsen ist und ihren bisherigen Aufenthalt verlässt, zeigen sich die Getreidehaufen oft von einem weiss-grauen, dichten Gewebe überzogen, welches von der auf ihrer Wandung spinnenden Raupe herrührt.

Die Verpuppung selbst findet in einem korngrossen, weissgrauen, mit Abschabseln gemengten Gespinnste zwischen Ritzen der Bretter, zwischen Fugen der Balken u. s. w., aber auch in den ausgehöhlten Körnern statt.

Weizen, Roggen, Gerste, Hafer und Mais werden von dieser Raupe derart beschädigt.

Gegen sie ist das fleissige Wenden des Getreides während der Flugzeit der Motte am meisten zu empfehlen. Das Tödten der bei Tage ruhig an Wänden sitzenden Motten, das Aufsuchen und Entfernen der Puppengespinnste in den Wintermonaten, das Verstreichen der Fugen und Ritzen mit Kalk wird die Gefahr vermindern. Die von ihr besetzten Getreidevorräthe können dadurch vor weiterer Beschädigung bewahrt werden, dass man sie einer hohen Temperatur (41° R.) aussetzt, weil dann die Raupen zu Grunde gehen, ohne dass die Keimkraft der Körner beeinträchtiget wird.

§. 24.

Getreidemotte. Bei einer anderen Art der Beschädigung unterscheiden sich die beschädigten Körner von den gesunden durch matte Färbung, geringeres Gewicht und durch Weichheit, so dass sie sich leicht zerdrücken lassen; öffnet man ein solches Korn, so findet sich im Innern desselben ausser dem krümlichen, bräunlichen Unrathe der Raupe entweder die Raupe eines Falters oder dessen Puppe. Die Raupe ist bis 3''' lang, 16 beinig, weissgelblich mit lichtbraunem Kopfe. Die bräunlich gefärbte Puppe liegt in einem weisslichen dichten Gespinnste. In letzterem Falle wird an der Spitze des Kornes ein kleiner dunkler Fleck sichtbar.

Nach dem Ausschlüpfen des Falters, der in der Regel von Ende April bis August erscheint, zeigt sich eine kreisrunde Oeffnung — das Flugloch.

Der Falter, welcher unter dem Namen Getreidemotte (*Gelechia cerealella* Oliv.) bekannt ist, unterscheidet sich von der Kornmotte vorzüglich durch die, gleich Widderhörnern nach oben gerichteten Schnurren, durch seine in der Ruhe mehr flach anliegenden Flügel und die gelbbraune, bronceartig glänzende Färbung. Das zu verschiedener Zeit erfolgte Ablegen der Eier ermöglicht auch, dass ein Theil der Motten schon im Herbste ausfliegt und bei günstiger Witterung noch Eier legt. Die Eier werden sowohl an die bereits ausgedroschenen Körner, als auch an die noch in den Aehren befindlichen und zwar hier am Grunde der Spelzen abgelegt.

Weizen, Roggen, Hafer, Gerste, aber auch Mais und Hirse sind den Angriffen dieses Schädlings ausgesetzt.

Wird derlei beschädigtes Getreide in einem Backofen einer Temperatur von 41° R. ausgesetzt, so kann die Raupe oder Puppe ohne Beeinträchtigung der Keimkraft des Kornes getödtet werden. Am besten geschieht dies in den Wintermonaten, da zu dieser Zeit die Motte noch nicht vorhanden und daher die ganze Brut vernichtet werden kann.

§. 25.

Schwarzer Kornwurm. Oeffnet man beschädigte Körner, die eine grössere oder kleinere weiche Stelle und meist auch eine kleine runde Oeffnung zeigen, so findet sich wohl auch ein anderer Schädling im Innern und zwar entweder als gekrümmte, wulstige fusslose Larve mit bräunlichem Kopfe oder in dem mehr ausgehöhlten, leichtern Korne als weisshäutige Puppe, aus welcher sich später ein kleiner

Käfer, der **Getreiderüssler**, oder sogen. **schwarze Kornwurm** (Kornkäfer) (*Sitophilus granarius* L.) entwickelt.

Er ist 1½—1¾‴ lang, schwarzbraun gefärbt und an seinem dünnen fadenförmigen Rüssel und durch das den Flügeldecken an Länge gleiche Halsschild leicht zu erkennen.

Der Käfer selbst verzehrt ebenfalls den Inhalt der Körner und namentlich jener, die bei dem Ausdrusche beschädigt wurden.

Er überwintert und legt, wenn er im Frühjahre aus seinem Winterverstecke hervorkommt, seine Eier in eine mit dem Rüssel gemachte Oeffnung des Kornes ab. Im Juli erscheinen die Käfer 1. Generation, aus deren Brut sich im September die Käfer 2. Generation entwickeln.

Weizen, Roggen, Mais werden von diesem Schädling angegriffen.

Eine hohe, luftige, lichte Lage, sorgfältiges Reinhalten der Fruchtspeicher, das Verstreichen aller Fugen und Ritzen mit Kalk; Entfernen des alten, wenn auch nur in kleinen Quantitäten in Winkeln herumliegenden Getreides; öfteres Umschaufeln und Werfen desselben besonders im Frühjahr und Juli werden den Verwüstungen vorbeugen oder sie vermindern.

In trockenen Lappen oder in Schaffellen, welche die Käfer gerne aufsuchen und sich darin besonders bei kühler Witterung verstecken, können dieselben oft in grosser Menge gesammelt werden, es ist aber erforderlich, die sehr hartschaligen Käfer zu zerstampfen oder mit heissem Wasser abzubrühen, um sie vollends zu tödten.

Ein sicheres, wenn auch im Grossen nicht leicht ausführbares Mittel zur Zerstörung der Larven und Puppen ist, wie bereits bei der Kornmotte erwähnt wurde, das Dörren des Getreides in kleinen Partien bei einer Temperatur von 41° R. in einem Backofen.

Angegriffenes Getreide ist jedenfalls möglichst bald vom Schüttboden zu entfernen oder mahlen zu lassen, nur muss in letzterem Falle das Mehl schnell verbraucht werden, da es eine längere Aufbewahrung nicht verträgt.

Anhang.

§. 26.

Nehmen die Aehren ein unregelmässiges Aussehen an und Weizenälchen zeigt sich in denselben eine grössere oder geringere Anzahl von Körnern, die eine unregelmässige stumpfdreieckige Gestalt und eine schwarzbraune Farbe mit sehr harter Schale haben, so wird man in einem solchen Korne statt des Mehles eine, den inneren Raum nicht vollständig ausfüllende, gelblichweisse Masse mit faserig staubiger Struktur finden. Man nennt solche Körner auch **Gicht-** oder **Radenkörner** und in manchen Gegenden diese Erscheinung überhaupt den **Kaulbrand.** Die Ursache dieser Erscheinung sind die statt des Mehles im Innern des Kornes in Unzahl vorhandenen geschlechtslosen, fadenförmigen Larven des **Weizenälchens** (*Anguillula tritici* Roffr.) einer Gattung von Rundwürmern.

Kommt nun ein solches Korn in den Boden, so fault die Schale und die durch die Feuchtigkeit und Wärme neu belebten Würmchen kommen daraus hervor und verbreiten sich im Boden. Sind sie an eine Weizenpflanze gelangt, so kriechen sie dann an dieser empor, verbergen sich in den obersten Blattscheiden und bohren sich in den aus zartem Zellgewebe bestehenden Fruchtknoten ein, wodurch später die beschriebene Missbildung hervorgerufen wird. Die Aelchen werden geschlechtsreif, begatten sich und legen Eier, aus denen die den Inhalt des Gichtkornes bildenden Larven hervortreten.

Gegen diese Beschädigung ist zu empfehlen: Sorgfältige Reinigung des Saatgutes und Verbrennen der darunter befindlichen auszuscheidenden Radenkörner; Vorsicht bei aus andern Gegenden bezogenem Saatgute; das Einbeizen des Saatgutes in eine Kupfervitriollösung, in der Art, dass die Flüssigkeit handbreit darüber zu stehen kommt und das Abschöpfen der auf derselben schwimmenden, leicht zu erkennenden Gichtkörner, welche erst untersinken, wenn sie ganz vollgesogen sind. — Selbstverständlich werden bei diesem Verfahren nur flache Gefässe gute Dienste leisten. Durch Einlegen des Saatgutes in eine Mischung aus 1 Theil Schwefelsäure und 150 Theilen Wasser in der Dauer von mindestens 24 Stunden können die Aelchen getödtet werden. Bei der Anwendung des letztgenannten chemischen Mittels ist aber zur Vermeidung anderweitiger Nachtheile mit Vorsicht vorzugehen.

Weizen von solchen Feldern, auf denen die Radenkrankheit auftrat, muss sorgfältig gesiebt, der Abfall verbrannt, nicht aber auf den Düngerhaufen ausgeschüttet werden. Wollte man den mit kranken Körnern gemengten Abfall etwa als Hühnerfutter verwenden, so muss derselbe früher in dem Backofen mindestens einer Hitze von 70° ausgesetzt werden. — Das Stroh radenkranken Weizens, in welchem manchmal solche Körner zurückbleiben, darf nicht zur Düngung solcher Felder verwendet werden, wo im nächsten Jahre Weizen gebaut wird.

Auf Feldern, wo radenkranker Weizen geerntet wurde, ist mindestens durch mehrere Jahre der Weizenbau ganz auszusetzen.

Eine andere Art derselben Gattung beschädiget gleichfalls unsere Culturpflanzen und zwar vorzugsweise Roggen und Hafer. Die Beschädigungen, welche sie veranlasst, zeigen aber verschiedenartige Erscheinungen. Es zeigen nämlich die beschädigten Pflanzen im Spätherbst eine eigenthümlich wellige Beschaffenheit der Blätter und sterben im Frühjahre einzelne Triebe frühzeitig ab oder es lassen sich die Halme leicht von der Wurzel dicht unter der Erdoberfläche trennen, zuweilen nimmt man an den Blattscheiden hellere Stellen wahr, einzelne Pflanzen dagegen entwickeln sich anscheinend üppig, zeigen aber im Verlaufe ihrer Entwicklung ein abnormes Wachsthum. Die Aehren gelangen dann entweder gar nicht zur Ausbildung oder sie bleiben in der Scheide stecken, weil der Halm so verkürzt ist, dass oft Knoten an Knoten sitzt, wodurch die Körnerbildung gänzlich verhindert wird. Der Veranlasser dieser Beschädigung, welche man in einigen Gegenden unter dem Namen der Knoten-, Knopf- oder Stockkrankheit kennt, ist, wie bemerkt, eine dem Vorigen nächst verwandte Art, die den Namem Roggenälchen (*Anguillula vastatrix* Kühn) erhielt und ausser den genannten Halmpflanzen auch Buchweizen, Klee, Weberkarden, aber auch Unkräuter, wie beispielsweise Kornblumen angreift.

Am ersten machte sich dieser Schädling durch seine Verwüstungen an den Weberkarden bemerkbar und sind die Erscheinungen, unter dem unpassenden Namen Kernfäule bekannt, folgende:

Die Köpfe der Pflanze werden allmälig missfärbig und vertrocknen, indem die Blüten frühzeitig (Ende Juli, Anfangs August) welken und absterben, das Zellgewebe des Fruchtbodens sich bräunt und zusammenschrumpft und in der Mitte verschwindet (sich aushöhlt). Die Körner solcher Pflanzen sind um mehr als die Hälfte kleiner als die gesunden, etwas mehr abgerundet als diese und die fast doppelt so lange Haarkrone bleibt unmittelbar auf denselben sitzen. In solchen verkümmerten Körnern nun, am Grunde der Haarkrone, im Blütenboden selbst, findet man die genannten Aelchen oft in solcher Menge, dass man sie stellenweise schon mit blossem Auge als weisse, schimmelartige Pünktchen wahrnehmen kann. — Man hielt sie früher für eine eigene Art und nannte sie Kardenälchen (*Anguil. dipsaci* Kühn). Prof. Kühn hat aber bewiesen, dass sie zu derselben Art gehören.

Die Mittel zur Bekämpfung dieses Feindes wären folgende:

Das gänzliche Aussetzen des Anbaues der durch diese Schädlinge angegriffenen Nutzpflanzen auf einem solchen Felde durch mehrere Jahre, sowie die Vermeidung einer Fruchtfolge, bei welcher eine der oben angeführten Pflanzen nach der andern unmittelbar oder schon im nächsten Jahre an die Reihe kommt. — Sorgfältiges Entfernen der Unkräuter, insbesondere der Kornblume, durch welche die Weiterverbreitung der Schädlinge am meisten begünstiget wird. — Das Beseitigen der beschädigten Pflanzen, wo dies durchführbar ist, überhaupt. Auch würden einige der bei der vorigen Art angeführten Vorbeugungsmittel geeignet sein, die Verbreitung des Schädlings zu verhindern. — Bei der Weberkarde aber wird das zeitige Ausbrechen und Verbrennen der erkrankten Köpfe das sicherste Mittel sein, diesen Zweck zu erreichen.

Hülsenfrüchte.

Beschädigung der Stengel und Blätter.

§. 27.

Graurüssler. Zeigen sich die Blätter, besonders die der jungen, zarten Pflanzen ringsum angefressen, (ausgekerbt), so kann man leicht die Veranlasser in den meist in grösserer Anzahl vorhandenen 1½—2‴ langen, schwarzen, grau oder graugrün, oft auch metallisch glänzend beschuppten Käfern, mit kurzem, gekanteten, oben eine Längsfurche zeigenden Rüssel entdecken, die der Gattung der **Graurüssler** *Sitones* angehören.

Zumeist werden durch dieselben die Erstlingsblätter oft arg beschädigt, wodurch das Wachsthum der Pflanze gestört wird. — Erbsen, Bohnen, Klee und überhaupt Schmetterlingsblütler sind den Angriffen derselben besonders ausgesetzt.

Erfolgreiche Mittel, um dem Schaden durch diese Käfer zu begegnen, sind nicht bekannt, es dürfte aber der Versuch gemacht werden, dieselben mittelst der Streifsäcke abzuschöpfen und zu vertilgen, so schwierig auch dieses Mittel bei grösseren Feldern angewendet werden kann.

§. 28.

Erbseneule. Oft werden die Blätter der Pflanzen vom Rande her von auch bei Tage an den Pflanzen lebenden etwa 1½‴ langen, 16füssigen, schlanken, walzigen, lebhaft braunrothen, dunkler geaderten, mit gelben Längsstreifen gezierten Raupen mit lichter gefärbtem Kopfe und Bauche abgeweidet, die sich erwachsen in der Erde verpuppen und aus welchen im Mai—Juni des nächsten Jahres ein Falter, die sgt. **Erbseneule** (*Mamestra pisi* L.) erscheint.

Die bei Beunruhigung lebhaft hin und her schnellende Raupe lässt sich gern zu Boden fallen und rollt sich ein, läuft aber später schnell weg.

Erbsen, Wicken, Bohnen, Kleearten, Ampfer, verschiedene Unkräuter werden von ihr vom Juli bis September angegriffen.

Das Sammeln der durch ihre Färbung leicht auffallenden Raupen und das Stürzen der betreffenden Felder im Spätherbste wären als Mittel zu empfehlen, um den Angriffen dieses Schädlings zu begegnen.

Aehnliche Beschädigungen veranlasst auch die Raupe einer nahe verwandten Falterart, der sogenannten **Flöhkrauteule** oder des **Sägerrandes**

(*Mamestra persicariae* O.) Diese Raupe ist bis 1½" lang, 16füssig, walzig, durch eine am Rücken des 11. Ringes befindliche Querleiste ausgezeichnet, grün bis braungrün gefärbt mit einigen dunkleren Rückenflecken und an den Seiten mit winkligen Zeichnungen geziert.

Sie ist ebenfalls keine Kostverächterin, denn auch Spinat, Salat, Rüben, Hanf, Tabak, aber auch Himbeeren, Holunder. u. s. w., sowie Unkräuter, namentlich Knöterich werden von ihr im August bis Oktober angegriffen.

Sie verpuppt sich in der Erde und liefert im Mai—Juni nächsten Jahres den Falter.

Rücksichtlich der Abwehr dieses Schädlings gilt das oben Gesagte.

Ausser den angeführten Arten richtet auch die bereits Seite 12 besprochene Gamma-Eule oft Schaden an.

Beschädigung der Samen.

§. 29.

Beim Oeffnen der grünen, äusserlich unverletzten Hülsen (Erbsenschoten) sieht man zuweilen, dass die Körner angefressen sind und in denselben oder frei in den Hülsen sich eine oder mehrere ungefähr 3''' lange, 16füssige, bleichgrüne, schwarzbewarzte Räupchen mit dunkelbraunem Kopfe befinden. *Erbsenwickler*

Die Körner werden von diesen Räupchen mehr weniger stark und unregelmässig ausgefressen, auch tritt Nothreife ein, so dass die Hülsen wenigstens theilweise sich früher öffnen.

Die erwachsene Raupe geht in die Erde und verpuppt sich daselbst. Der aus ihr im nächsten Frühjahre sich entwickelnde Falter wird rebfarbener Erbsenwickler (*Grapholitha nebritana* Fr.) genannt und legt seine Eier an die noch junge Hülse ab, in welche die Räupchen sich einbohren.

Gegen diesen Schädling kann nur durch baldiges Umpflügen nach der Ernte, wodurch die in der Erde verborgenen Raupen vertilgt werden, vorgegangen werden.

Dieselbe Lebensweise führt auch die etwas grössere orangegelbe Raupe des mondfleckigen Erbsenwicklers (*Gr. dorsana* F.) und gilt für sie auch dasselbe.

§. 30.

Weissfleckiger Melselrüssler. In jungen Erbsenhülsen trifft man ferner noch weisslichgelbe, glatte, fusslose Larven mit haarigem Kopfe, welche gleichfalls die Körner angreifen und die einer Rüsselkäferart, dem weissfleckigen **Melselrüssler** (*Tychius quinquepunctatus* O.) angehören und für die das Obige Geltung hat.

§. 31.

Erbsenmücke. An den noch jungen Körnern und Schoten saugend und meist in grosser Anzahl kommt auch eine 2''' lange, milchweisse Made vor, welche der **Erbsenmücke** (*Diplosis pisi* Winn.) angehört, sich ebenfalls im Boden verpuppt und daher nur wie die obigen Schädlinge bekämpft werden kann.

§. 32.

Erbsenwippel. Zeigen die reifen Erbsen bei näherer Untersuchung ein schmutzfarbiges Fleckchen oder eine kreisrunde, schmutziggrüne Stelle und sind sie so spröde, dass sie sich leicht zerbrechen lassen, so wird man, wenn man sie an dieser Stelle öffnet, im Innern derselben eine fusslose, faltige, gekrümmte Larve mit bräunlichem Kopfe oder die feinhäutige, weisse Puppe vorfinden, aus welch letzterer sich in der Erbse selbst der **Erbsenkäfer** (Wippel, *Bruchus pisi* L.) entwickelt, der dann die oben bezeichnete Stelle in Form eines runden Deckelchens abstösst und die Erbse verlässt.

Der 2''' lange, schwarze, fleckig weissgrau behaarte Käfer, der an der dicht weissbehaarten Afterdecke 2 grosse, eiförmige schwarze Makeln zeigt und einen etwas rüsselförmig verlängerten Kopf hat, legt seine orangegelben Eier an die noch junge Hülse ab, in welche die Larve sich einbohrt.

Da der Käfer erst in der Zeit vom September bis zum nächsten Frühjahre ausschlüpft, so ist der Landwirth, sobald die Ernte rechtzeitig vorgenommen wurde, in der Lage, denselben mit Erfolg zu bekämpfen, und zwar um so erfolgreicher, da der Käfer in keinen unseren wildwachsenden Hülsenpflanzen lebt.

Nachdem selbst eine länger andauernde Temperatur von 41° R. (60° C.) der Keimfähigkeit der Erbsen nicht im mindesten schadet, wohl aber das Insekt tödtet, so ist dieses Mittel vollkommen ausreichend, um diesen Schädling wirksam zu bekämpfen und auch leicht anzuwenden, zumahl hiezu jeder Backofen benützt werden kann. Bedenkt man, dass der Erbsenanbau in manchen Gegenden wegen dieses Schädlings aufgegeben werden musste, dass bei rechtzeitiger Ernte Samenausfall gänzlich zu vermeiden ist, bei allgemeiner Durchführung dieser Massregel eine starke Verminderung des Schädlings bald eintreten wird, so ist die allgemeine Aufnahme dieses Verfahrens in hohem Grade zu empfehlen.

§. 33.

In den Linsen findet sich die kleinere Larve oder Puppe des **Linsenkäfers** (*Bruchus lentis* L.). Theils wegen der Kleinheit der Frucht, theils der dunkleren Färbung wegen, ist seine Anwesenheit schwieriger zu erkennen und deutet ausser der Sprödigkeit meist noch eine am Aussenrande der Frucht befindliche Falte und Eingesunkensein derselben auf den Schädling hin. *Linsenwippel.*

Der Käfer, welcher sich von dem Vorhergehenden durch geringere Grösse (1⅓—1½'''), mehr eiförmige Gestalt, mehr bräunliche Behaarung und das Fehlen der 2 schwarzen Flecken auf der Afterdecke unterscheidet, verlässt die Linse meist erst im Frühjahre, ein ungefähr ½''' im Durchmesser haltendes Loch zurücklassend.

Es gilt für ihn das oben Gesagte, wie auch von den anderen Arten dieser Gattung, welche eine ähnliche Lebensweise führen, Ackerbohnen, Fisolen, Wicken etc. beschädigen, aber auch in wildwachsenden Hülsenfrüchten gefunden werden.

Buchweizen.

Beschädigung der Stengel und Blätter.

§. 34.

Die noch jungen Pflanzen werden oft während der Nachtzeit abgefressen von bei Tage flach unter der Erde oder Erdschollen etc. sich verborgen haltenden, etwa 1½'' langen, braunköpfigen, nach rückwärts etwas verdickten, 16füssigen, grau-gelblichgrün gefärbten, wenig glänzenden mit dunklen Haarwärzchen und lichten Streifen gezierten Raupen der **Weizeneule** (*Agrotis tritici*), welche überdies an dem glänzend schwarzen, durch 3 lichte Streifen getheilten Nacken- und Afterschild kenntlich sind. *Weizeneule*

Diese Raupen, welche gewöhnlich vom April bis Juni Gräser und Sommersaaten besonders im Sandboden beschädigen, verpuppen sich meist Ende Juni in der Erde und entwickeln sich dann die Eulen vom Juli bis

August. — Das Weibchen legt seine Eier an verschiedene Pflanzen ab und überwintern die aus ihnen sich entwickelnden Raupen, sind aber im Herbste meist noch so klein, dass der Schade, den sie zu dieser Zeit veranlassen, in der Regel nicht von Bedeutung ist, während sie, wie oben bemerkt, vom Frühjahre an sich oft als arge Schädlinge erweisen.

Gegen dieselben ist das Aufsuchen und Sammeln der Raupen in ihren Verstecken bei Tage oder bei Laternenschein zur Nachtzeit, wo sie an den Pflanzen zu treffen sind, zu empfehlen.

Da diese Art in ihrer Lebensweise im Allgemeinen mit der schon Seite 10 besprochenen Wintersaateule übereinstimmt, so dürften auch einige der daselbst angeführten Vorbeugungsmittel mit Erfolg angewendet werden können.

Mohn.

Beschädigung der Wurzeln.

§. 35.

Als Beschädiger der Mohnarten hat sich in neuerer Zeit auch eine Rüsselkäferart bemerkbar gemacht.

Mohnwurzel-rüssler.

Bei seinem Auftreten bemerkt man eine grössere oder geringere Anzahl von Pflanzen, welche ohne sichtbare äussere Beschädigung welk werden und zu Grunde gehen. Zieht man solche Pflanzen aus dem Boden, so finden sich meist 1—2" unter der Erde, an den von der Oberhaut entblössten Stellen der Wurzeln ein oder mehrere etwa 2''' lange, fusslose, stark runzlige, vorn weniger als hinten verschmälerte, weisse, zerstreut lichtbraun behaarte Larven mit lichtbraunen Köpfen, die sich, wenn sie erwachsen sind, in der Erde verpuppen und aus denen sich im August oder September ein Käfer, der **Mohnwurzelrüssler** (*Coeliodes fuliginosus* Marsh.) entwickelt.

Der Käfer ist 1½''' lang, pechschwarz gefärbt, an Kopf und Unterseite grauweiss, das Halsschild und die Flügeldecken grau-braun beschuppt, letztere haben am Grunde eine sammtschwarze vorn weissbeschuppte Makel und sind an der Spitze weissgelb. Das Halsschild ist beiderseits mit einem kegelförmigen spitzigen Höckerchen versehen und jede Flügeldecke trägt vor der Spitze viele kleine, beisammen stehende Höckerchen. Der runde Rüssel ist gleichdick und hat nach unten gebogene Fühlerfurchen, an der Vorderbrust liegt die scharf begrenzte, rückwärts in eine Grube endigende Rüsselrinne.

Dieser Käfer ist im Frühjahre vom April an an warmen Tagen nicht selten auf sandigen Wegen zu treffen.

Mittel gegen die Angriffe dieses Schädlinges sind bis jetzt keine bekannt. Es dürfte aber das Ausziehen und Vertilgen der beschädigten Pflanzen und das Stürzen des Feldes gleich nach der Ernte zu seiner Verminderung zu empfehlen sein.

Beschädigung der Körner.

§. 36.

Man nimmt öfter ungefähr in der ersten Hälfte August an den Mohnköpfen eine grössere oder geringere Anzahl von Löchern wahr. Oeffnet man eine solche Kapsel, so wird man einen grösseren oder geringeren Theil der Samen verzehrt finden. Der Veranlasser dieser Beschädigung ist eine 3''' lange, fast walzige, hinten stärker verschmälerte, fusslose, gelblichweisse Larve mit gelblichem, hornigem Kopfe, welche sich von den unreifen Samen nährt, erwachsen die Kapsel durchbohrt, zur Erde fällt und sich daselbst verpuppt. *Weissfleckiger Verborgenrüssler.*

Der aus dieser Puppe sich entwickelnde 1¾–2''' lange, mattschwarz gefärbte, unten dicht, oben sparsam behaarte, mit dicht weiss beschuppter Mittellinie des Halsschildes und mit 3 weissen Makeln und ebensoviel weiss beschuppten Streifen auf den Flügeldecken gezierte Käfer mit langen fadenförmigem Rüssel ist der sogenante **Weissfleck-Verborgenrüssler** (*Ceutorhynchus macula alba* Hbst.)

Er erscheint auf den Mohnfeldern nach dem Abblühen der Pflanzen und legt seine Eier in die halbgewachsenen Mohnkapseln ab, zu welchem Zwecke er sie zuerst mit dem Rüssel anbohrt. Die angebohrten Stellen kennzeichnen sich in Folge des ausfliessenden und vertrocknenden Saftes durch ihre schwärzliche Färbung. Man kann an einer Kapsel oft bis 40 solcher schwärzlicher Flecke zählen.

Gegen diesen Schädling ist das Abschöpfen und Vertilgen der zahlreich sich einfindenden Käfer sowie das Entfernen der angegriffenen Mohnköpfe zu empfehlen. Durch Umpflügen derlei Felder gleich nach der Ernte könnten die Puppen zerstört werden.

§. 37.

Bleiben die Mohnköpfe im Wachsthume zurück und zeigen sie ein missfärbiges, schmutzig röthliches Aussehen, so wird man als Veranlasser dieser Beschädigung, wenn man eine solche Kapsel zerschneidet, an Stelle der verzehrten Samen in grösserer Zahl kleine wurmähnliche Maden finden. Diese Maden sind etwa 1''' lang, *Mohngallenmücke.*

an beiden Enden zugespitzt, kopf- und fusslos und fleischroth gefärbt. Sie verpuppen sich, wenn sie erwachsen sind, in der Kapsel selbst, und erscheint dann meist in der ersten Hälfte August die $^2/_3$—$^5/_6'''$. lange Mücke, welche unter dem Namen **Mohngallmücke** (*Cecidomyia papaveris* Winn.) bekannt ist.

Ausser dem gebauten Mohn wurde diese Mücke auch aus den Kapseln wildwachsender Mohnarten wie z. B. der Klatschrose gezogen.

Empfehlenswerth ist das zeitige Sammeln der missfärbigen, im Wachsthum zurückbleibenden Kapseln und Vernichtung derselben sammt den Larven.

Schotenfrüchte *).

Beschädigung der Wurzeln.

§. 38.

Kohlfliege. Wenn die Blätter ein bleifarbiges Ansehen erhalten, dann gelb werden und abwelken, so werden sich bei genauerer Untersuchung solcher aus der Erde gehobener Pflanzen in der Nähe des Wurzelhalses oder unterhalb desselben kleine Löcher oder gangartige Stellen zeigen, in denen sich nackte, glatte, gelblichweisse, walzige, nach rückwärts verdickte, am Hinterrande schief abgestutzte und mit Wärzchen besetzte Maden befinden, die, wenn sie erwachsen sind, die Pflanzen verlassen und sich in der Erde verpuppen.

Aus den Puppen entwickeln sich dann $2\frac{1}{2}'''$ lange, schwärzliche, den Stubenfliegen ähnliche Fliegen, die sogenannten **Kohlfliegen** (*Anthomyia brassicae* Bouché), welche ihre Eier sofort wieder möglichst tief am Stengel ablegen. Die Art erscheint in mehreren Generationen und sind die Maden von Juni bis Oktober anzutreffen.

Junge Pflanzen gehen durch die Angriffe der Maden zu Grunde, ältere fangen gewöhnlich von hier aus zu faulen an.

Insbesondere sind es die Kohlarten, welche sie oft arg beschädigen.

Das Entfernen der beschädigten Pflanzen und sorgfältiges Vertilgen der Maden wird gegen diesen Schädling am meisten wirken.

---

* Obwohl die in diese Gruppe gehörigen Pflanzen in landwirthschaftlichen Werken gewöhnlich getrennt und zwar Raps, Rübsen, Senf unter den Handelsgewachsen, Kohl, Kraut, Stoppelrüben unter den Gemüsen abgehandelt werden, so haben wir es, da doch die Mehrzahl ihrer Feinde ihnen gemeinsam ist, um unnütze Wiederholungen zu vermeiden, vorgezogen, sie unter einem gemeinsamen Gesichtspunkt aufzufassen und zu behandeln.

Auch das Stürzen der befallenen Beete im Herbste und Liegenlassen in rauher Furche über Winter, um die daselbst überwinternden Puppen zu vertilgen, dürfte sich als zweckmässig erweisen.

Andere verwandte Arten, die eine ähnliche Lebensweise führen und Kohlrüben, Radieschen, Zwiebel, Schalotten beschädigen, werden hier nur erwähnt, da die Bekämpfung aller dieser Arten durch dieselben Mittel zu veranlassen sein wird.

Beschädigung der Stengel.

§. 39.

Meist an der Grenze zwischen Wurzel und Stengel, aber auch Kohlgallen ober- und unterhalb derselben werden sich zuweilen etwa erbsen- rüssler. grosse Anschwellungen (Gallen) zeigen, in denen sich, so lange man kein Bohrloch gewahrt, eine oder mehrere bis 3″′ lange, fusslose, gekrümmte, stark runzlige, gelblichweisse und zerstreut borstenhaarige Larven mit braunem Kopfe finden, die, wenn sie vollständig erwachsen sind, die Gallen durchbohren und sich in der Erde verpuppen. Aus der Puppe entwickelt sich eine Rüsselkäferart. Der Käfer ist 1⅓″′ lang, kurzeiförmig, etwas glänzend, tief schwarz, unten dicht oben sparsam fein grau beschuppt und hat einen langen, fadenförmigen, etwas gebogenen Rüssel, der in der Ruhe in eine Brustfurche eingelegt werden kann. Das Halsschild hat eine tiefe Mittelfurche und jederseits ein Höckerchen, die tief gestreiften, vor der Spitze Höckerchen tragenden Flügeldecken bedecken die Hinterleibsspitze nicht ganz. Er ist unter dem Namen **Kohlgallen-** oder **gefurchthalsiger Verborgenrüssler** (*Ceuthorhynchus sulcicollis* Gyllh.) bekannt und beschädiget als Käfer die Blüten und jungen Schoten. Er erscheint in 2 Generationen und legt seine Eier am untersten Stengeltheile ab.

An Raps, Rübsen, Kohlarten, Wasserrüben, Senf und wildwachsenden Kreuzblütlern finden sich diese Gallen oder Gallencomplexe. Diese Erscheinung, welche man gewöhnlich als Wurzig-, Kolbig- oder Kropfigwerden der Pflanzen bezeichnet, hat häufig das Absterben, meist aber das Kränkeln derselben oder auch Verholzen der Rüben zu Folge.

Gegen diesen Schädling ist ein nicht zu seichtes Bedecken der Saat, ein sorgfältig ausgeführtes Behacken und Behäufeln anzuempfehlen, da erfahrungsgemäss die bis zum Wurzelhalse frei gebliebenen Pflanzen die meisten Gallen zeigen. — Wo es ausführbar, wären die mit Gallen besetzten Pflanzen zeitig zu entfernen und zu vertilgen.

Durch sorgfältige Bearbeitung des Bodens im Frühjahre dürften viele in der Erde ruhende Puppen vertilgt werden können.

Jedenfalls wäre auch das Ausraufen und Verbrennen der Kohlstoppeln räthlich und wo dies thunlich ist, das Abschöpfen der Käfer von den Blüten und ihre Vertilgung nicht zu verabsäumen.

§. 40.

Raps-Erdfloh. Meist erst nach der Ueberwinterung bemerkt man oft Pflanzen, deren noch kurzer Stengel sammt den Blättern gebräunt erscheint oder es fehlt der Hauptstengel gänzlich und sind nur kümmerliche Nebentriebe und braungefärbte Blätterbüschel vorhanden. Spaltet man eine solche Pflanze, so finden sich im Stengel oder bei dessen Fehlen im Innern des Wurzelstockes gewöhnlich mehrere, bis $2^{3}/_{4}'''$ lange, 6beinige, etwas niedergedrückte, schmutzigweisse, zerstreut mit Borstenhaaren besetzte Larven mit bräunlichem Kopfe und hinten schräg abgedachtem, hornigem, mit 2 Dornspitzen versehenem Leibesende.

Die erwachsenen Larven bohren sich aus dem Stengel oder der Wurzel heraus und verpuppen sich in der Erde. Der aus den Puppen sich entwickelnde Käfer erscheint im Mai. Er ist $1^{3}/_{4}'''$ lang, elliptisch, ziemlich hoch gewölbt, röthlichgelb mit schwarzblauen Flügeldecken und Hinterschenkeln. Der Kopf ist ganz oder theilweise dunkel gefärbt, die Fühlerwurzel und die Beine sind braun. Die Hinterschenkel sind stark verdickt und befähigen den Käfer zu mächtigen Sprüngen, wesshalb er auch Raps-Erdfloh (*Psyliodes chrysocephala* L.) genannt wird. Der Käfer durchlöchert die jungen Blätter und benagt die Schoten. Er erscheint in 2 bis 3 Generationen und wurden die Larven desselben im Innern der Stengel und Wurzeln nicht nur des Rapses, sondern auch verschiedener anderer Schotenfrüchtler aufgefunden. Die Larven beschädigen die Pflanzen in der oben beschriebenen Weise, die Erscheinung wird aber häufig dem Froste zugeschrieben und dieser Irrthum erst entdeckt, wenn derlei Pflanzen, da ihr Mark ausgefressen ist, umknicken und zu Grunde gehen.

Am meisten Erfolg gegen diesen als Larve und Käfer gefährlichen Schädling verspricht das Abschöpfen der Käfer von den Pflanzen selbst. — Das zeitige Entfernen der beschädigten Pflanzen dürfte ebenfalls in gewissen Fällen räthlich sein. — Das Ausreissen und Abbrennen der Rapsstoppel dürfte zu empfehlen sein und zwar um so mehr, als häufig in denselben sich die Puppen mehrerer Rüsselkäferarten befinden, deren Larven die Stengel beschädigen.

§. 41.

Zeigt sich eine grössere oder geringere Zahl von Pflanzen. Raps-Mauszahn-welche vorzeitig bleichen, leicht umbrechen und nothreif werden, so rüssler. veranlassen diese Beschädigung kleine Larven, die in der Mitte der Stengel leben. Diese Larven sind bis 3′″ lang, fusslos, gekrümmt, stark runzlig, weiss und haben einen braunen, sparsam mit Borstenhaaren besetzten Kopf.

Sie werden vom Frühjahre bis Juni im Stengel von Raps- und anderen Schotenfrüchten angetroffen, deren Mark sie von oben nach unten vordringend verzehren und sich dann oberhalb der Wurzel verpuppen.

Der aus der Puppe sich entwickelnde 1⅓′″ lange, walzenförmige, oben grün glänzende auf der Unterseite schwärzliche Käfer mit runden, stark gekrümmten, schwärzlichen Rüssel ist unter dem Namen Raps-Mauszahnrüssler (*Baridius chloris* F.) bekannt, erscheint im Juli, findet sich aber auch noch später in den Stoppeln vor. Er legt seine Eier in die Blattachseln der Raps-Wintersaat ab, was oft im selben Jahre zuweilen aber erst nach der Ueberwinterung des Käfers geschehen dürfte und wodurch sich das ungleichzeitige Auftreten der Käfer erklären liesse.

Gegen diesen Schädling wäre das Ausraufen und Verbrennen der Stoppeln, wie im vorigen Artikel bereits erwähnt, vor Allem zu empfehlen, da ein einfaches Umpflügen nicht genügen würde.

Andere nächstverwandte Arten, welche in gleicher Weise die Schotenfrüchte z. B. Kohlarten beschädigen, werden hier nur erwähnt, da gegen dieselben das gleiche Verfahren anzuwenden sein wird.

Beschädigung der Blätter.

§. 42.

Die zarten Blätter und besonders die zuerst hervortreibenden Erdflöhe. sind oft auf der Fläche durchlöchert, eine Beschädigung, welche durch die sogenannten **Erdflöhe** (*Haltica* L.) veranlasst wird.

Die vielen Arten derselben gleichen sich in Gestalt und meist auch in der Färbung. Sie sind oval, stark gewölbt, glänzend blau, grün, bräunlich oder gelblich und dunkel gestreift, haben einen kleinen Kopf mit fadenförmigen Fühlern und stark verdickte Hinterschenkel (sogenannte Springbeine), wesshalb sie weite Sprünge auszuführen im Stande sind. Sie treten in mehreren Generationen auf und legen ihre Eier an die Pflanzen ab. Ihre 6füssigen, länglichen Larven leben theils frei auf den Blättern, theils minirend (weissliche Gänge ausnagend) in denselben, theils im Innern der Stengel und verpuppen sich in der Erde. Raps, Kohlarten überhaupt

Schotenfrüchte werden von diesen Schädlingen gerne angegriffen, obwohl auch andere Nutzpflanzen wie z. B. Lein, Hopfen, Malven u. s. w. und viele Unkräuter von ihnen nicht verschont werden.

Junge Pflanzen gehen durch ihre Angriffe meist zu Grunde, während ältere, kräftigere Gewächse zwar fort vegetiren, in Folge der Beschädigung ihrer Blätter aber zurückbleiben oder, wie die Gemüsesorten, an Brauchbarkeit verlieren.

Wegen ihrer Kleinheit, Häufigkeit und Schnelligkeit ist den Erdflöhen schwer beizukommen, und namentlich können im Grossen gebaute Pflanzen nicht leicht vor ihnen geschützt werden. Im Allgemeinen wäre die Anwendung des Streifsackes zu empfehlen, mittelst welchem die Käfer von den Pflanzen abgeschöpft werden, was am besten in den Morgenstunden geschieht. Natürlich muss damit zeitig begonnen und dasselbe energisch fortgesetzt werden.

Die zur Vertilgung dieser Schädlinge konstruirte sogenannte Erdfloh-Fangmaschine besteht im Wesentlichen aus mit Theer bestrichenen Brettern, die auf niederen Rädern ruhen und an welchen vorne Reiser befestigt sind. Fährt man mit diesem Wägelchen quer über die Saaten, so werden die Erdflöhe durch die Reiser aufgescheucht und springen in grösserer Zahl auf die betheerten Bretter, wo sie kleben bleiben und zu Grunde gehen.

Weiteres wird das Bestreuen der Pflanzen mit kalkhaltigem Strassenstaube, Begiessen derselben mit einem Absude von Wermuth oder mit Jauche u. s. w. empfohlen. Mittel, in deren Wirksamkeit wir wenig Vertrauen setzen.

Aus dem Vorhergehenden ist ersichtlich, dass das Hauptaugenmerk auf die Zucht kräftiger Pflanzen, welche den Angriffen der Schädlinge schneller entwachsen, gerichtet sein muss, und daher Alles was dies fördert z. B. Reihensaat, Walzen des Bodens, Kopfdüngung u. s. w. geeignet ist, derlei Beschädigungen möglichst zu vermindern. Bei der Anlegung von Samenbeeten ist im Auge zu behalten, dass die Erdflöhe unter Stoppeln, Blättern etc. überwintern, daher dieselben möglichst zu beseitigen oder derlei Beete entfernt davon anzulegen sind. Aus demselben Grunde ist auch die Nachbarschaft solcher Stellen zu vermeiden, wo Gemüse über Winter eingeschlagen war.

§. 43.

Kohlweissling. Sieht man die Blätter der Pflanzen vom Rande her so abgenagt, dass nur die Rippen und schmale Streifen der Blattfläche übrig bleiben, so ist diese Erscheinung meist durch bei Tage an der Unterseite der Blätter versteckte 16beinige, anfangs grüne, später mehr gelblich gefärbte, schwarz punktirte, gelbgestreifte, feinbehaarte Raupen mit hellgrauem, schwarzpunktirtem Kopfe veranlasst.

Sie leben gesellschaftlich an Kohlarten, Raps, Rübsen, Rettig und überhaupt Schotenfrüchtlern, von deren Blättern sie sich häuptsächlich nähren. Mangelt ihnen das Futter, so wandern sie oft in grossen Massen von einem Felde zum andern. Wenn sie ausgewachsen sind, so verlassen sie die Futterpflanzen und verwandeln sich in gelblichgrüne, schwarzgefleckte eckige Puppen, die man häufig mittelst eines Fadens befestigt, an Zäunen, Wänden von Scheuern, Wohngebäuden etc. in grosser Anzahl auffinden kann. Aus der Puppe entwickelt sich der allbekannte Kohlweissling (*Pieris brassicae* L.) ein Tagfalter mit weissen an der Spitze schwarz geränderten Flügeln.

Das Weibchen legt seine grünlichen, später einen goldfarbigen Ton annehmenden, birnförmigen Eier in Häufchen auf die Rückseite der Blätter vorzugsweise von Schotenfrüchtlern. Der Kohlweissling erscheint in 2—3 Generationen und sind es hauptsächlich die Raupen der 2. Generation (von Ende Juli an), welche die ärgsten Beschädigungen an unseren Nutzpflanzen veranlassen, während die der 1. Generation meist auf wildwachsenden Pflanzen sich vorfinden.

Das Zerdrücken der Eierhäufchen oder der kleinen, kaum ausgekrochenen, meist an den Rippen der Blätter beisammen sitzenden Räupchen, ist ein verlässliches Verfahren, um diesen Feind zu bekämpfen und dürfte, wenn, sobald der Falter sich häufig zeigt, die Pflanzenreihen einmal in der Woche zu diesem Zwecke begangen werden, leicht anzuwenden sein und auch keine zu grossen Kosten verursachen. Wird dies verabsäumt, so erübrigt nichts, als die erwachsenen Raupen zu sammeln, was weniger zweckmässig erscheint, da der Schade dann meist schon ein empfindlicher ist.

Unstreitig das leicht durchführbarste und wohlfeilste Mittel aber wäre das Sammeln und Vertilgen der leicht aufzufindenden Puppen und es wäre daher die allgemeine Durchführung dieses Verfahrens möglichst anzustreben. — Das Fangen und Vertilgen der Schmetterlinge könnte durch Schulkinder besorgt werden, dürfte aber weniger Erfolg haben.

Wie schon oben bemerkt, finden sich die Raupen der 1. Generation meist auf wildwachsenden Schotenfrüchtlern, z. B. Hederich (April—Juni). Es wäre daher zweckmässig, derlei Pflanzen zu dieser Zeit im Auge zu behalten, und wenn dieselben stark mit Raupen besetzt sind, sammt denselben zu vertilgen, wodurch leicht die spätere Beschädigung der Nutzpflanzen hintangehalten werden könnte.

Die hier noch zu erwähnenden, grüngefärbten, mehr einzeln lebenden Raupen des kleinen Kohl- od. Rübenweisslings, des Rübsaat- oder Heckenweisslings stimmen im Wesentlichen in ihrer Lebensweise mit dem Vorgenannten überein, wesshalb über dieselben hier nichts weiters zu bemerken ist.

§. 44.

Repssägewespe. Aehnliche Erscheinungen zeigen sich, wenn die Pflanzen durch 22füssige, querrunzelige, dunkelgraugrüne, unten hellere unbehaarte Afterraupen angegriffen werden, aus denen sich die **Repssäge-** oder **Rübenblattwespe** *(Athalia spinarum F.)* entwickelt.

Diese Raupe beschädigt ausser der Winterrepssaat besonders die Stoppelrüben-Kohlarten, doch wird sie auch auf wildwachsenden Schotenfrüchtlern, namentlich den gemeinen Ackersenf und Rettig (Hederich) am häufigsten angetroffen. Wenn ihr die Blätter zu derb werden, verzehrt sie auch die Blüten. Es sind besonders die vom August bis Oktober auftretenden Raupen der 2. Generation, welche unseren Kulturpflanzen den meisten Schaden zufügen. Die Raupe geht im Oktober oder November in die Erde, wo sie sich ein ovales, aussen mit Erdkörnern verwebtes Gespinnst anfertigt, in welchem sie überwintert und sich verpuppt. Die im Frühjahr aus der Puppe hervorbrechende Wespe ist dottergelb mit schwarzem Kopfe und Fühlern und legt ihre Eier mit Hilfe der Legeröhre in einem am Blattende ausgeschnittenen Spalt ab. Sie tritt, wie bemerkt, in zwei Generationen auf.

Als Vorbeugungsmittel wäre das frühe Bestellen der Saaten zu empfehlen, da kräftige Pflanzen von den Angriffen der Raupen weniger leiden als Spätsaaten.

Ist die Raupe aber einmal in Menge vorhanden, so erübriget nur das Abschöpfen derselben mittelst eines Streifsackes; das Durchfahren der jungen Saaten mit einem Jätpfluge, an welchem ein sogenannter Strohkamm (d. i. Strohhalme werden kammartig zwischen 2 schmale Holzstücke eingelegt und diese quer am Pfluge befestigt), angebracht ist, wodurch die Raupen abgestreift und getödtet werden. — Ebenso dürfte das Auftreiben von Truthühnern oder Enten auf derlei heimgesuchte Saaten von Vortheil sein. — Die in der Erde befindlichen Raupen und Puppen könnten im Spätherbste und Frühjahre durch Anwenden des Jätpfluges getödtet werden.

Ein besonderes Augenmerk ist den auf den Feldern oder in deren Nähe wachsenden Unkräutern namentlich dem Hederich zuzuwenden. Sind diese im Mai oder Juni stark mit Raupen besetzt, so müssen schon jetzt Vorkehrungen getroffen werden, um die Felder vor den Angriffen der 2. Generation zu schützen. Es müssen die Pflanzen entweder sammt den Raupen vertilgt werden oder falls es durchführbar ist, die von den Raupen besetzten Stellen im Juli umgepflügt werden, um die in der Erde liegenden Puppen zu zerstören.

§. 45.

Gemüse-Eule. Oft werden die Blätter in ähnlicher Weise wie beim Kohlweissling erwähnt ist, vom Rande her befressen, so dass nur die kahlen Rippen übrig bleiben. Die Veranlasserin dieser Beschädigung ist eine 16füssige, walzige, grau bis olivengrün gefärbte, schwarz und weisspunktirte mit 3 dunklen Längsstreifen gezierte Raupe, die wenn sie erwachsen, sich in der Erde verpuppt, und aus welcher sich später ein rostbrauner Falter die sogenannte **Gemüse-** oder **Kopflattich-Eule** (*Mamestra oleracea* L.) entwickelt.

Kohlarten, Salat, Spargel etc. werden durch diese Raupen angegriffen, denen auch das Aushöhlen der Salatstengel von mehreren Beobachtern zugeschrieben wird. Der durch sie verursachte Schaden fällt in die Zeit vom August bis September.

Was ihre Vertilgung anbelangt, so kann nur das Ablesen und Tödten der Raupen, sowie das Zerstören der Puppen durch Umpflügen der betreffenden Felder im Winter empfohlen werden.

§. 46.

Wenn sich die Blätter durchlöchert zeigen und diese Löcher Kohl-Eule. als Gänge durch die aneinander liegenden Blätter ins Innere sich fortsetzen, so ist die Veranlasserin eine 16füssige, anfangs grünliche, später einen gelblich graugrünen Ton annehmende, mit dunkler Rückenlinie und seitlichen dunklen Schrägstreifen gezierte, walzige, unten gelbliche Raupe, auch als **Herzwurm (Krautraupe)** bekannt, die sich erwachsen in der Erde verpuppt und aus welcher sich die sogenannte **Kohl-Eule** (*Mamestra brassicae* L.) entwickelt.

Die Raupen halten sich zwischen den Blättern versteckt und ihre Angriffe veranlassen bei nasser Witterung oft das Faulen der Pflanzen.

Kraut, Kohl, Blumenkohl, Runkelrüben werden von ihnen beschädigt und zwar in der Regel am ärgsten vom August bis Oktober.

Gegen die Angriffe dieses Schädlings ist zu empfehlen, das Ablesen der Raupen, bevor sie sich in das Innere der Pflanzen einbohren und das Vertilgen der in der Erde liegenden Puppen durch tiefes Umpflügen, was am besten vor Eintritt des Winters zu geschehen hätte.

§. 47.

Die 6füssigen, langgestreckten, schwarzbehaarten Larven eines Adonis-Blattandern Schädlings des sogenannten **Adonisblattkäfers** (*Entomoscelis* käfer. *Adonidis* Fb.) fressen die Blätter der jungen Pflanzen gänzlich ab.

Wenn sie erwachsen sind, verpuppen sie sich in der Erde. Die aus ihnen sich entwickelnden Käfer sind $2^3/_4$—$4'''$ lang, länglich, eiförmig, schwarz, die Oberseite des Kopfes, des Halsschildes und die stark gewölbten

Flügeldecken sind lebhaft gelbroth, letztere mit einem oder drei schwarzen Längsstreifen geziert.

Der Käfer selbst beschädigt den Raps durch Abfressen der jungen Schoten.

Diese Art tritt in drei Generationen auf, und sind es die Larven der 1. und 3. Generation, welche die Repssaaten am meisten beschädigen; die 2. Generation lebt meist auf Unkräutern.

Die Beschädigung der Sommer- und Wintersaaten des Rapses und der Runkelrüben durch diesen Schädling wurde in neuer Zeit mehrfach beobachtet.

Gegen diesen Schädling erübriget nichts als das Abschöpfen der Larven und Käfer mittelst des Streichhammens und Vertilgung derselben.

§. 48.

Kohlwanze. Werden die Blätter der Pflanzen durchlöchert und gehen derlei Pflanzen hiedurch zu Grunde, so ist die Veranlasserin die 3—4''' lange, oben metallisch glänzende, grüne oder grünblaue mit weissen oder rothen Zeichnungen gezierte **Kohlwanze** (*Strachia oleracea* L.) oder deren Larve, welche sich nur durch das Fehlen der Flügel unterscheidet.

Besonders in trockenen Sommern ist dieser Schädling für Kohlarten, Raps, Salat etc. gefährlich, da er durch Aussaugen des Saftes die Pflanzen tödtet.

Gegen diesen Feind kann nur das Ablesen empfohlen werden.

Beschädigung der Blüten oder Samen.

§ 49.

Repsglanz- Werden die Blütentheile aufgezehrt und so der Fruchtansatz ver-
käfer. hindert, so veranlasst diese Beschädigung entweder ein $^3/_4$—1''' langes, längliches, gleichbreites, glänzend erzgrünes Käferchen, mit keulenförmigen Fühlern und braunen Beinen oder dessen in den Blütenknospen lebende, bis 6''' lange, 6füssige, walzenförmige, gelblichweisse, oben mit braunen Hornfleckchen gezierte Larve mit dunkelbraunem Kopfe.

Letztere sollen ausserdem aber auch junge Schoten zerstören. Diese Käfer, welche unter dem Namen Repsglanzkäfer (*Meligethes aeneus* F.) bekannt sind, erscheinen von April bis Mai aus ihren Winterverstecken. Die Weibchen legen ihre Eier in die Blütenknospen ab, welche dann die Larven zerstören. Die erwachsenen Larven fallen zu Boden und verpuppen sich flach unter der Erde und erscheint im Juli der Käfer in 2. Generation, welcher in diesem Entwicklungsstadium überwintert. Insbesondere der Raps und andere Kohlarten aber auch verschiedene andere Blüten, namentlich von Kreuzblütlern, werden auf diese Weise beschädigt.

Das zweckmässigste Verfahren zur Bekämpfung dieses argen Feindes besteht im Abklopfen der Käfer selbst, gleich beim ersten Erscheinen derselben. Am erfolgreichsten wird dies bei ruhigem warmen Wetter von Morgen bis Mittags vorgenommen werden können, da bei Wind und kühlem Wetter sich die Käfer mehr in die Blüten verbergen und festhalten, bei heissem Wetter aber um die Mittagszeit schwärmen. Am tauglichsten dient hiezu ein um einen kurzen Stiel befestigter Streifsack von starker Leinwand. Der Sack wird untergehalten, die Pflanze darüber gebeugt und geschüttelt, so dass die Käfer in den Streifsack fallen. Um die Flucht der hineingefallenen Käfer zu vereiteln, wird der Sack stark genässt und am Boden desselben Blätter gelegt. Die Käfer werden zeitweise in grössere Säcke geleert und mit heissem Wasser oder auf andere Weise getödtet. 2—3 Jungen können in einem Tage ein Joch mit leichter Mühe reinigen. Natürlich muss dieses Verfahren so lange fortgesetzt werden, als Käfer in grösserer Anzahl sich zeigen. Bei rechtzeitiger, energischer Anwendung dieses Verfahrens wird sowohl der durch den Käfer als die Larve verursachte Schaden bedeutend vermindert werden. Würde dasselbe, was anzustreben ist, allgemein durchgeführt, so dürften sich die immer wiederkehrenden Klagen über die bedeutenden Verwüstungen dieses Schädlings bald vermindern. Gegen die Larven vorzugehen, so lange sie auf der Pflanze sich befinden, ist nicht möglich, hingegen dürfte durch zeitiges Stürzen der Stoppeln mindestens ein Theil der Schädlinge vertilgt werden.

§. 50.

In den nothreifen, früher sich öffnenden Schoten fehlen zuweilen die Samen ganz oder theilweise. Die Veranlasserin dieser Beschädigung ist eine fusslose, gekrümmte, runzliche Larve mit hornigem Kopfe, die wenn sie erwachsen ist, die Schote verlässt und sich in der Erde verpuppt. {Reps-Verborgen-Rüssler.}

Der aus ihr sich entwickelnde Rüsselkäfer unterscheidet sich von dem oben erwähnten Kohlgallenrüssler (s. pag. 39) durch seine mehr graue Färbung, infolge der gleichmässigeren, weissen Beschuppung, durch spitzigen Höcker des Halsschildes und die ungezähnten Schenkel, und wird von den Fachmännern der **Aehnliche Verborgenrüssler** (*Ceutorhynchus assimilis* Payk.) genannt. Er schadet auch als Käfer durch Benagen der Blüten und Knospen.

Das Abschüpfen der Käfer von den Blättern in obiger Weise dürfte noch am meisten zu seiner Verminderung beitragen.

§. 51.

Oft erscheinen die Schoten an einigen Stellen aufgetrieben, werden nothreif und öffnen sich früher als die normal entwickelten. {Kohlgallmücke.}

Man wird leicht die Veranlasserin dieser Beschädigung auffinden. Es ist diess die sogenannte **Kohlgallmücke** (*Cecidomyia brassicae* Winn.,) deren Larve (Made) meist in grösserer Anzahl in derlei Schoten lebt und an den Samen saugt. Sie ist $^3/_4-1'''$ lang, milchweiss, kopf- und fusslos, nach vorne etwas verschmälert und hinten abgestutzt, und findet sich ausser auf Raps und Rübsen auch in den Schoten anderer Kohlarten.

Erwachsen lässt sich die Made aus der geöffneten Schote auf den Boden fallen, in welchen sie sich dann verpuppt. Die kleine dunkelgefärbte silberschimmernde Mücke erscheint schon nach beiläufig 14 Tagen. Das Weibchen legt seine Eier an die noch jungen Schoten ab, in welche die auskommende Made sich einbohrt. Wahrscheinlich tritt diese Art in 2—3 Generationen auf.

Ein im Grossen durchführbares Verfahren gegen diesen Schädling ist bisher nicht bekannt geworden, am räthlichsten dürfte es sein, wo es die Umstände erlauben, die krankhaften aufgetriebenen Schoten, ehe sie sich öffnen und die Maden sie verlassen haben, fleissig abzupflücken. In manchen Fällen wird sich auch das zeitige Stürzen der Stoppel als zweckmässig erweisen.

§. 52.

Rapszünsler.   Erscheinen die Schoten durch einzelne Fäden unter einander verbunden, durchlöchert und die Samen mehr weniger verzehrt, so ist die Veranlasserin dieser Beschädigung eine bis 6''' lange, 16füssige, vorn und hinten verschmälerte, gelbgrüne, mit braunen Borstenwärzchen und mehreren Längsstreifen gezierte Raupe mit schwarzem Kopfe, die sich in dem Gespinnste vorfinden wird.

Die erwachsene Raupe verpuppt sich in der Erde und erscheint der kleine schwefelgelbe mit rostfarbenem Fleck auf den Vorderflügeln gezierte Falter, welcher unter dem Namen **Rapszünsler** oder **Rübsaatpfeifer** (*Botys margaritalis* WV.) bekannt ist.

Raps, Rübsen, Senf und verschiedene andere, sowohl kultivirte als wildwachsende Schotenfrüchtler werden durch die Raupen beschädiget.

Als Vorbeugungsmittel wäre namentlich frühe Saat des Sommerrapses zu empfehlen, da Spätsaaten in der Regel am meisten leiden.

Das Zerdrücken der Raupen in den Gespinnsten ist das einzige Mittel, grösserem Schaden vorzubeugen. Nicht ohne Werth dürfte auch ein frühzeitiges Pflügen der abgeernteten Felder sein, da hiedurch wenigstens ein Theil der in der Erde sich verpuppenden Schädlinge getödtet wird.

Runkelrübe.

Beschädigung der Wurzel.

§. 53.

Wenn die jungen Pflanzen gar nicht über der Erde erscheinen, Moosknopfkäfer. oder wenn sie erschienen sind, schon nach 8—14 Tagen wieder vertrocknen, so wurden die Keime derselben entweder gänzlich zerstört oder der Stengel einige Linien unter dem Samenlappen abgefressen. Der Beschädiger ist meist ein $^3/_4'''$ langer, glänzend brauner oder gelbbrauner, mit kurzen anliegenden Haaren bedeckter Käfer, unter den Namen **Moosknopfkäfer** (*Atomaria linearis* Steph.) bekannt, oder dessen winzige 6beinige Larve.

Bei günstiger Witterung sind die bezeichneten Beschädigungen weniger nachtheilig, da dann die Pflanzen schnell wachsen und das schwarze Grübchen, d. i. die Spur des Angriffes, wieder vernarbt und verschwindet und der Schädling nur die Blätter angeht.

Gegen diese Beschädigungen wäre alles dasjenige zu empfehlen, was das Wachsthum der Pflanzen fördert, ebenso reichlichere Aussaat, Wechsel in der Fruchtfolge, da in den, 2 Jahre nacheinander gebauten Rüben sich die Beschädigungen häufiger zeigen, endlich das Umpflügen und Liegenlassen des Bodens in rauher Furche über Winter.

Beschädigung der Stengel und Blätter.

§. 54.

Findet man an den jungen Pflanzen die Blätter abgefressen, Aaskäfer. und an denselben 6füssige, 4—6''' lange, nach hinten stark verschmälerte, oben mit schwarzen Schildern bedeckte, unten weiche, weisse Larven, so ist der Veranlasser der Beschädigung der sogenannte **schwarze Aaskäfer** (*Silpha atrata* L.).

Die Larve verpuppt sich erwachsen in der Erde und aus der Puppe entwickelt sich der 5''' lange mattschwarze, elliptische, ziemlich flache Käfer, der durch kleinen Kopf, fast halbkreisförmiges Halsschild und die mit aufgebogenem Rande versehenen Flügeldecken sich auszeichnet. Derselbe findet sich häufig an Aeckern und Wegen.

Gegen die Beschädigungen dieses Feindes, der meist nur bei sehr starker Vermehrung den Runkelrüben gefährlich zu werden scheint, wäre nur das Sammeln der Larven zu empfehlen.

Aehnliche Beschädigungen haben auch mehrere Gattungsverwandte veranlasst und gilt auch für sie das obige Mittel.

§. 55.

Nebliger Schildkäfer.
Erscheinen die Blätter durchlöchert und befressen, so wird das Augenmerk darauf zu richten sein, ob sich nicht an der Unterseite der Blätter eine Larve vorfindet, welche sich durch folgendes auszeichnet: Sie ist bis 3½‴ lang, flachgedrückt, eiförmig, grün mit weissen Zeichnungen und Seitendornen, 6füssig und trägt ihre eigenen Excremente auf den vorragenden nach oben und vorn gekrümmten Schwanzborsten.

Erwachsen verpuppt sich diese Larve an der Futterpflanze. Der aus ihr sich entwickelnde Käfer ist 2—3‴ lang, eiförmig, oben rostbraun oder grün mit unregelmässigen schwarzen Flecken, unten schwarz: er zeichnet sich besonders dadurch aus, dass der Seitenrand des Halsschildes und der Flügeldecken über den Leib vorragt, ist unter den Namen **nebliger Schildkäfer** (*Cassida nebulosa* L.) bekannt, legt seine Eier in grösserer Zahl auf die Unterseite der Blätter ab und erscheint in zwei Generationen.

Obwohl seine Larve gewöhnlich nur auf den an Wegen und öden Plätzen wachsenden wilden Gänsefussarten lebt, hat sie schon zu wiederholten Malen die gattungsverwandten Runkel- und rothen Rüben arg beschädigt.

Das Ablesen der Larven dürfte gegen diesen Schädling am räthlichsten angewendet werden, doch versäume man ja nicht, die wildwachsenden gänsefussartigen Pflanzen überhaupt stets im Auge zu behalten und wenn die darauf lebenden Larven dieses Schädlings sich besonders häufig zeigen, gegen sie einzuschreiten und so dem Schaden vorzubeugen.

§. 56.

Hohlrüssler.
Die eben erwähnte Erscheinung kann aber auch durch einen Käfer veranlasst werden, der 5½—7½‴ lang, schwarz, dicht punktirt und ziemlich dicht grau behaart ist, dessen Halsschild kleine nackte Erhabenheiten und 3 dichte behaarte Streifen zeigt, während die Flügeldecken 2 schwach angedeutete, schief gegen die Naht nach rückwärts gerichtete kahle Binden tragen.

Der oben flach gedrückte Rüssel dieses Käfers hat 3 gleich breite, tiefe Längsfurchen. Er führt den Namen **Hohlrüssler** (*Cleonus sulcirostris* L.) und ist bei starker Vermehrung schon mehrmals den Runkelrüben sehr schädlich geworden.

Gegen diesen Feind ist nur das Sammeln des Käfers selbst anzuempfehlen.

Anhang.

§. 57.

Bemerkt man eine geringere oder grössere Anzahl Pflanzen, Rübenälchen. welche sich von den übrigen durch eine dunklere Färbung der Herzblätter und gelbgrau gesprenkelte, mitunter schwarz gefleckte, äussere Blätter auszeichnen, so wird man, wenn man sie aus der Erde hebt, an den feinen Wurzelfasern weiche, weissliche, sandkorngrosse, ziemlich festsitzende, fast zitronenförmige Knötchen finden. Es sind dies die Weibchen der sogenannten Rüben-Nematode (*Heterodera Schachtii*) eines Rundwurmes.

Dieser Schädling, welcher das allmälige Absterben der befallenen Pflanze von der Wurzelspitze aus veranlasst, verursacht namentlich in manchen Gegenden Deutschlands arge Verwüstungen der Runkelrüben.

Als Mittel zu seiner Verminderung empfehlen sich das Umpflügen derlei Felder im Herbste und das Liegenlassen derselben in rauher Furche den Winter über.

Anzurathen ist auch die Rübenabfälle mit ungelöschtem Kalke zu mischen und kompostartig zu behandeln diesen Dünger aber nicht für Aecker sondern auf Wiesen zu verwenden. Rüben, welche zum Zwecke der Samenzucht ausgesetzt werden, sind nach Möglichkeit von den Faserwurzeln zu reinigen.

Möhre.

Beschädigung der Wurzel.

§. 58.

Bemerkt man, dass das Kraut der Pflanze abwelkt und ohne Mohrenfliege. sichtbare äussere Beschädigung zu Grunde geht, so wird man, wenn man eine solche Pflanze aus der Erde zieht, in schlangenförmig oder in zickzack verlaufenden Gängen, die sich meist im Spitzentheile der Wurzel zeigen, eine oder mehrere bis 2''' lange, glatte, kopf- und beinlose, vorne zugespitzte, hinten abgestutzte, bleichgelbe Maden als Veranlasser dieser Beschädigung auffinden.

Diese Maden verlassen erwachsen die Möhre und verwandeln sich in der Erde selbst in eine Puppe, aus welcher die 2''' lange, glänzend schwarze, kurz und fein, meist lichtschimmernd behaarte Fliege, mit rothgelben Kopf und Beinen sich entwickelt, die unter dem Namen **Möhrenfliege** (*Psila rosae* Fb.) bekannt ist. In Folge dieser Beschädigung verliert die Möhre (gelbe Rübe) ihren süssen Geschmack und geht zuletzt in Fäulniss über, daher diese Erscheinung auch mit dem Namen „**Wurmfäule**" bezeichnet wird. Man sagt auch von derlei beschädigten Rüben, dass sie **eisenmädig** oder **rostfleckig** seien. Ausser der Möhre beschädigt diese Fliege auch die Kohlarten.

Was die Bekämpfung dieses Schädlinges betrifft, so dürfte es am gerathensten sein, die beschädigten Möhren sobald als möglich auszuziehen, um so die Maden zu vertilgen.

Ferner dürfte tüchtiges Pflügen gleich nach der Ernte zu ihrer Verminderung beitragen.

Kümmel.
Beschädigung der Blätter.
§. 59.

Kümmelschabe. Oft trifft man die einzelnen Blätter der Dolden durch Fäden zusammengezogen und die Blüthen und jungen Früchte gänzlich verzehrt. Die Veranlasserin ist eine bis 7''' lange, olivengrüne, orangegelb gestreifte, mit schwarzen Wärzchen gezierte Raupe mit glänzend schwarzem Kopfe, die erwachsen die Dolde verlässt und sich im obern Theile des Stengels in einer zu diesem Zwecke ausgenagten Höhlung verpuppt.

Die sich aus der schwarzen Puppe entwickelnde zierliche Motte ist unter dem Namen „**dunkelrippige Kümmelmotte**" (*Depressaria nervosa* Haw.) oder **Möhrenschabe** bekannt, wird aber auch von den Löchern, die sie im Stengel ausnagt, „**Pfeiffer im Kümmel**" genannt.

Sie wird ausser auf Kümmel und Möhren auch auf vielen wildwachsenden Doldenblüthlern, z. B. Schwerdtkümmel, Wassermerk, Schierling etc., angetroffen.

Was die Bekämpfung dieses Schädlinges anbelangt, so ist das Ablesen der Raupen anzurathen, wobei aber Vorsicht nöthig ist, weil sie sich an einem Faden herablassen und so leicht entrinnen.

Schneller Ausdrusch und Verbrennen des Strohes, wenn man sich durch Spalten einiger Stengel überzeugt hat, dass sie auch Puppen enthalten, wäre zu empfehlen.

Kartoffel.

Ausser der Beschädigung durch die Ackereulen (S. 10) und der nur einzeln auftretenden Raupe des Todtenkopfes, wogegen das Ablesen empfohlen werden könnte, ist bisher kein Schädling bekannt geworden.

Flachs.

Ausser der bereits besprochenen Gamma-Eule (S. 13), dem Sägerande (S. 32) und dem Erdfloh (S. 41) wäre noch anzuführen:

Beschädigung der Samen.
§. 69.

Zeigen die Samenkapseln an einer Seite eine etwas dunkler gefärbte Stelle, oder findet sich hier eine kleine etwa nadelkopf- Flachsknotenwickler. grosse Oeffnung, und wird beim Oeffnen der Kapsel bemerkt, dass der Same ganz verzehrt wurde, so ist die Veranlasserin dieser Beschädigung, die sich übrigens oft auch ohne äussere Verletzung der Kapselwand vorfindet, eine 3‴ lange, 16füssige, meist gelbliche, sparsam behaarte Raupe mit dunkelbraunem Kopfe, die sich in der Kapsel in die gelbliche Puppe verwandelt.

Aus dieser entwickelt sich im Sommer ein kleiner zierlicher bleichgelber Falter, der sogenannte Flachsknotenwickler (*Conchylis epilinana* Zett). Das Weibchen legt seine Eier auf die Blüthen von spät gesäetem kultivirten und wildwachsenden Lein ab, in deren Kapseln die Art im Puppenzustande überwintert und nächstes Jahr im Juni den Wickler liefert.

Schneller Ausdrusch des Schlüss- (Dresch-) Leins und sorgfältige Sortirung des Kleng- (Spring-) Leins sind die wirksamsten Mittel gegen diesen Schädling.

Hanf.

Ausser der bereits besprochenen Gamma-Eule (S. 13), dem Sägerande (S. 32) und dem Hirsezünsler (S. 23) ist hier kein weiterer Schädling anzuführen.

Tabak.

Wird beschädigt durch die bereits besprochene Wintersaat-Eule (S. 10), die Gamma-Eule (S. 13) und den Sägerand (S. 32).

Hopfen.

Beschädigung der Wurzel.
§. 61.

Hopfen-wurzel-spinner. Trifft man eine grössere oder geringere Zahl von älteren Pflanzen verwelkt und zu Grunde gegangen, so untersuche man die Wurzeln, die dann zernagt oder ausgehöhlt sein werden, und an welchen oder nahe dabei man meist 16füssige, gelblich weisse, mit einzelnen schwarzen Haarwarzen gezierte walzige Raupen mit rundem glänzend braunem Kopfe auffinden kann, die erwachsen sich in der Erde in einem mit Erdkörnchen durchwobenen röhrenartigen Gespinnste verpuppen, und aus welchen im Juni oder Juli ein braungelber Falter mit silberweissen oder gelblich-roth gezeichneten Vorderflügeln, der sogenannte **Hopfenwurzelspinner** (*Hepialus humuli* L.), welcher besonders Abends herumschwärmt, sich entwickelt.

Ausser auf Hopfen, namentlich an alten Pflanzen, findet sich die Raupe auch an den Wurzeln des Ampfers.

Das Aufsuchen der Raupen und Puppen beim Entfernen der zu Grunde gegangenen Pflanzen ist wohl als einziges Mittel gegen das Ueberhandnehmen dieses Schädlinges zu empfehlen.

Beschädigung der Blätter.
§. 62.

Springraupe. Sind die Blätter derart beschädigt, dass sie wie skelettirt erscheinen, so veranlassen diess an der Blattfläche angedrückt oder an den Rippen sitzende bis 10''' lange, nach vorn verschmälerte blassgrüne, sparsam behaarte, schwarzpunktirte Raupen mit hellbraunem Kopfe, die sehr lebhaft sind und sich in die Höhe schnellen können (daher **Springraupe**).

Die erwachsene Raupe verwandelt sich in irgend einem Winkel oder am Boden in einem grauen Gespinnste zur Puppe, aus welcher nach ungefähr 4 Wochen ein kleiner Falter, der sogenannte **Hopfenzünsler** (*Hypena rostralis* L.), sich entwickelt, der seine Eier auf die Blätter selbst ablegt.

Die Beschädigungen durch diese Raupe zeigen sich im April und Mai, dann wieder Juni und Juli, und sind es vorzüglich die Raupen der 2. Generation, welche den empfindlichsten Schaden veranlassen. Sie greifen auch wildwachsenden Hopfen, Brennessel etc. an.

Das Abklopfen der leicht abfallenden Raupen und Vertilgen derselben ist das einzige Mittel, das gegen diesen Schädling mit einigem Erfolg angewendet werden kann.

Ausser den vorerwähnten Feinden wird der Hopfen noch beschädigt durch den bereits besprochenen Erdfloh (S. 41), Sägerand (S. 32) und Hirsezünsler (S. 23).

Spargel.

Beschädigung der Stengel und Blätter.

§. 63.

Findet man in Spargelbeeten eine grössere oder geringere Anzahl von Pflanzen oben umgebogen oder krüppelhaftes Wachsthum zeigend, werden sie gelb oder faulig, so wird man im Innern derselben senkrecht verlaufende Gänge und in diesen eine oder mehrere ungefähr 3½′′′ lange, kopf- und beinlose, glänzende, glatte, gelblichweisse, hinten in 2 Häkchen endigende Maden finden. [Spargel-Bohrfliege.]

Diese Maden dringen bis in den holzigen Theil des Stammes vor und verpuppen sich meist mehrere zusammen am Grunde desselben. Die glänzend braungelben, am Ende schwarzen, hinten in ein kurzes Doppelhäkchen auslaufenden, sonst ziemlich tonnenförmigen Puppen überwintern, und erscheint aus ihnen im April oder Mai die 3′′′ lange, braunröthliche Fliege mit brauner Zickzackbinde über den Flügeln, welche unter dem Namen **Spargelbohrfliege** (*Platyparea poeciloptera* Schrk.) bekannt ist. Sie legt nach der Paarung ihre Eier zwischen den Schuppen der jungen Spargelköpfe ab, in welche sich die Maden einbohren und allmälig nach unten vordringen.

Gegen diesen Schädling dürfte vor Allem das Abschneiden der kranken Stämme und Verbrennen derselben zu empfehlen sein. — Da ferner beobachtet wurde, dass die Fliegen am frühen Morgen ruhig an den Spargelköpfen sitzen, so könnte man dieselben zu dieser Zeit leicht mit den Händen fangen und tödten.

§. 64.

Oft werden auch die Blätter der Pflanzen durch ein etwa 2½′′′ langes, braungrünes Käferchen abgefressen, das durch ein rothes Halsschild, rothgerandete mit je 3 weissgelben, theilweise zusammenhängenden Flecken gezierte Flügeldecken sich auszeichnet. Gleiche Beschädigung veranlasst auch seine 6füssige, olivengrüne, sparsam behaarte, nach hinten breiter werdende Larve. [Spargelhähnchen.]

Letztere verpuppt sich in der Erde und liefert noch im Herbste, meist aber erst im Frühjahre, den Käfer, welcher unter dem Namen **Spargelbähuchen** (*Crioceris asparagi* L.) bekannt ist.

Was die Bekämpfung dieser Schädlinge anbelangt, so kann hier nur das Abklopfen und Einsammeln der Käfer und Larven empfohlen werden.

§. 65.

Zwölf-punktirter Zirpkäfer.

Eine zweite verwandte Art beschädiget die Pflanze in ganz gleicher Weise. Es ist diess der **12punktirte Zirpkäfer** (*Crioceris 12 punctata* L.). Derselbe ist 2½''' lang, hat gelblichrothen Kopf, Halsschild und Beine, rothgelbe Flügeldecken mit je 6 schwarzen Makeln und schwarze Fühler, Brust und Füsse. Seine 6füssige, vorne schmale, nach hinten verbreiterte, kahle, bleifarbige Larve findet sich einzeln (August, September) in den Beeren des Spargels, welche sich dann früher röthen, als die unbewohnten. Haben die Larven später die Beeren verlassen, so deutet ein rundes Loch in denselben auf sie hin.

Die Larve verpuppt sich in der Erde und erscheint der Käfer im Herbste oder Frühjahr.

Zur Verminderung dieses Schädlinges gilt das bei der vorigen Art Angeführte. — Es könnte aber auch durch zeitiges Sammeln der bewohnten, früher sich röthenden Beeren und deren Vernichtung gegen ihn vorgegangen werden.

Klee.

Beschädigung der Wurzel.

§. 66.

Kleewurzelkäfer.

Zwei- bis dreijährige Kleepflanzen gehen oft zu Grunde, ohne äusserlich eine Beschädigung zu zeigen, untersucht man aber dieselben genauer, so finden sich im Innern des Wurzelstockes meist mehrere etwa ⅔''' grosse, fusslose, gekrümmte, feinbehaarte, weissliche Larven mit hellbraunem Kopfe, die sich daselbst im September verpuppen und aus welchen im nächsten Frühjahre ¾—1''' lange, pechbraun bis schwarz gefärbte, fein und kurz grau behaarte, walzenförmige Käfer, die sogenannten **Kleewurzelkäfer** (*Hylastes trifolii* Müll.) sich entwickeln.

Im April oder Mai, wo dieser Käfer meist in grösserer oder geringerer Zahl auf Rothklee zu finden ist, bohrt sich das Weibchen nach der Begattung ganz unten am Stengel bis in den Wurzelstock ein und legt hier seine Eier ab. Die aus den Eiern kommenden Larven dringen zwischen der Rinde und der Wurzelsubstanz ziemlich gerade nach abwärts und verpuppen sich am Ende des Ganges. Sie wurden ausser im Rothklee auch in der Besenpfrieme gefunden.

Die Bekämpfung dieses Schädlinges ist sehr schwierig, da seine Anwesenheit erst bemerkt wird, wenn die Pflanzen schon zu Grunde gegangen sind.

Man könnte versuchen durch Abschöpfen der Käfer im ersten Frühjahre, das Ablegen der Brut und damit die starke Verbreitung des Schädlinges zu hindern. Letzteres könnte auch durch zeitiges Entfernen der abgestorbenen Pflanzen geschehen.

Beschädigung der Blätter.

§. 67.

Bei einer andern Art der Beschädigung werden die Blätter welk und erhalten ein missfärbiges Ansehen, auch zeigen sie am Rande Spuren von Frass, oder es sind später in Folge dieses Frasses nur noch Blattstiele und Stengel übrig geblieben. Die Veranlasser dieser Beschädigung sind entweder ein $1\frac{1}{2}-2'''$ langer, rundlicher, fast halbkugelförmiger, auf der Oberseite behaarter, rostrother und meist mit schwarzen häufig zusammenfliessenden Flecken gezierter Käfer, der sogenannte **Filzkugelkäfer** (*Epilachna globosa* Illig) oder dessen $2\frac{1}{2}'''$ lange, ovale, 6füssige, gelblichweisse, schwarzpunktirte, mit mehreren Reihen weichstachliger Dornen besetzte Larve, die sich an der Futterpflanze verpuppt.

Filzkugelkäfer.

Luzerne und andere Kleearten, sowie auch Futterwicken werden von diesem Schädling oft arg verwüstet. Man trifft den Käfer Anfangs April manchmal in sehr grosser Menge an den Wänden der Häuser, wohin er wahrscheinlich von den Futterböden, in welche er mit der Kleefechsung eingebracht wurde, und in denen er überwintert, gelangte. Von hier aus verbreitet er sich auf die Kleefelder, und man bemerkt kurz darnach bei einiger Aufmerksamkeit an den zarten Blättern die ersten Beschädigungen, welche sich, sobald erst die Larven aus den an den Pflanzen abgelegten citronengelben Eiern ausgekrochen sind, immer grössere Dimensionen annehmen und besonders in trockenen Jahren oft so arg werden, dass auf eine Ernte verzichtet werden muss.

Es ist zur Bekämpfung dieses Schädlinges vor Allem nothwendig, sobald die Käfer sich an den Gebäuden zeigen, sie in Gefässe zu kehren und dann zu tödten. — Auch würde das Abschöpfen der Käfer und Larven von den Kleesaaten mit Hilfe des Streifsackes, wenn diess rechtzeitig erfolgt, die Zahl der Schädlinge wesentlich vermindern.

Aehnliche Beschädigungen veranlasst der Schienenblattkäfer (*Gonioctena 6 punctata* F.), ein $2\frac{1}{2}'''$ langer, etwas walzenförmiger Blattkäfer, oder dessen 6füssige Larve. Der Käfer ist schwarz und hat ein rothgelbes oder rothes mit zwei schwarzen Punkten geziertes Halsschild und ebenso gefärbte Flügeldecken, welche vorne je 3 schwarze öfter zusammenfliessende Makeln zeigen. Da dieser Schädling in seiner Lebensweise mit dem vorigen übereinstimmt und auch nicht anders bekämpft werden kann, so beschränken wir uns darauf, denselben hier nur erwähnt zu haben.

§. 68.

Schwarzbeinige Feldfliege. Ein ähnliches Abwelken der Blätter und theilweise Verfärbung und sofortiges Verdorren derselben wird auch durch die Made einer kleinen Fliege veranlasst. Untersucht man derlei beschädigte Blätter näher, so zeigt sich, dass der grösste Theil des Blattfleisches durch die im Innern des Blattes minirende Made verzehrt ist. Die Made ist ungefähr $1'''$ lang, kopf- und fusslos, vorn spitz, hinten abgestutzt und weisslich, verlässt meist Mitte August erwachsen das Blatt und verpuppt sich in der Erde.

Nach 3—4 Wochen kommt aus der Puppe die kleine schwärzliche Fliege hervor, welche die Entomologen *Agromyza nigripes* Mq., die schwarzbeinige Feldfliege, nennen.

Der Schade, den diese Art anrichtet, ist oft beträchtlich. Leider lässt sich gegen diesen Feind keine ausreichende Abhilfe treffen, da ein Umbrechen der Felder zur Zeit der Puppenreife nicht möglich ist, und wird daher dessen Bekämpfung den in den Maden parasitisch lebenden Schlupfwespen überlassen bleiben müssen.

Ausser den hier angeführten Schädlingen wären noch zu erwähnen die bereits besprochene Erbsen-Eule (S. 32) und der Graurüssler (S. 32).

Es gibt auch noch mehrere Rüsselkäferarten, die im Larvenzustande im Stengel unserer Kleearten leben und im vollkommenen Zustande auf den Blüthen getroffen werden, da jedoch die Anwesenheit dieser Larven schwer oder gar nicht zu erkennen, und der Schade, den sie veranlassen, glücklicher Weise nicht beträchtlich ist, so erscheint es nicht nöthig, sie einzeln anzuführen.

Beschädigung der Blüthen und Samen.
§. 69.

Zeigen sich die Blüthen mehr weniger verbildet, so dass sie Samenstecher. gewöhnlich taub bleiben, so sind die Veranlasser dieser Erscheinung im Innern derselben lebende kleine, fusslose, gekrümmte, weissliche Larven mehrerer Rüsselkäferarten, die der Gattung *Apion* L., **Samenstecher**, angehören.

Die meist 1—1¾''' langen Käfer sind an ihrer birnförmigen Gestalt und dem vorn abwärts gebogenen Rüssel leicht kenntlich.

Anzurathen gegen diesen Schädling dürfte nur das Abschöpfen der zur Samenerzeugung bestimmten Kleesaaten, noch ehe sie zur Blüthe übergehen, und das Vertilgen der so gesammelten Käfer sein.

Gräser.
Beschädigung der Halme und Blätter.
§. 70.

Werden die jungen Grashalme ganz und bis auf den Boden Lolchspinner. abgefressen, so dass oft stellenweise keine Spur davon übrig bleibt, so wird sich als Veranlasserin dieser Beschädigung eine bis 1'' lange, 16füssige, sammtschwarze, gelblich gestreifte, mit reihenweise rothgelben, aschgrau behaarten Wärzchen besetzte Raupe mit rundlichem, schwarzgrauem Kopfe herausstellen.

Dieselbe verwandelt sich, Ende Mai erwachsen, an der Erde in einem leichten Gewebe zur Puppe, aus der im Juni ein schwarzer Falter, der sogenannte **Lolchspinner** (*Pentophora morio* L.) sich entwickelt. Das nur mit Flügelstummeln versehene Weibchen legt seine Eier an die Futterpflanze ab und bedeckt sie mit der grauen Wolle seines Hinterleibes.

Obwohl die den Tag über fressenden Raupen bereits schon im Herbste ihre Verwüstungen beginnen, so werden diese doch meist erst im Frühjahre, wo sie eine grössere Ausdehnung annehmen, bemerkt. In dieser Zeit wandern die Raupen oft in Reihen geordnet weiter und lassen hinter sich eine bis zu den Graswurzeln abgenagte Oede zurück.

Was die Bekämpfung dieses Schädlinges anbelangt, so ist es am gerathensten gegen ihn zu der Zeit vorzugehen, wo die überwinterten noch kleinen Räupchen über die ganze Wiese zerstreut sind, und daher die Verwüstungen noch keine allzugrossen Dimensionen angenommen haben. Man legt zu diesem Zwecke eine Egge um, so dass die Zähne nach aufwärts zu stehen kommen, bringt unter den Ecken derselben

Steine an, so dass sie ungefähr 1' hoch vom Boden entfernt bleibt, und steckt dann 3-4' lange dürre stark verzweigte Aeste von Wachholder, Birken etc. zwischen die einzelnen Querbalken der Egge, an denen sie mit Weidenruthen fest gemacht werden können. Die so hergerichtete Egge wird sodann wieder in die normale Lage gebracht, und bildet das Ganze einen grossartigen, flachen Besen, dessen Bart hinten und an den Seiten der Egge mehrere Fuss über dieselbe hinausragt. Um zu verhindern, dass durch die elastischen Zweige die Egge zu sehr in die Höhe gehoben wird, befestiget man hinter derselben über den Zweigen ein etwa 8' langes Brett, auf welches schwere Steine gebracht werden, wodurch das Ganze so angedrückt wird, dass die Eggenzähne selbst nicht in den Boden greifen.

Mit dieser Egge werden nun die Wiesen überfahren, und da sich die elastischen Ruthen auch in jede Vertiefung des Bodens drücken, die Raupen zerquetscht.

Würde dieses Verfahren aus irgend einem Grunde nicht ausgeführt werden können, so erübrigt nur die grösser gewordenen Raupen, die oft in Zügen von 1' Breite weiter wandern, durch Anwendung hölzerner Erdstössel oder schwerer Walzen zu vernichten.

§. 71.

Lolcheule.

Wenn die Grashalme während der Nacht knapp an der Wurzel abgefressen werden, so geschieht diess meist durch 16füssige Raupen, welche den Tag über unter Grasbüscheln, Steinen etc. sich verbergen, bis zu 2" lang, vorn und hinten etwas verschmälert sind, und sich durch ihren glänzend braunen, licht gestreiften und schwarz gegitterten Leib, so wie durch den runden braunen Kopf kennzeichnen.

Diese Raupen verpuppen sich Ende Juni in einem losen Erdgehäuse, und erscheint aus der Puppe der bräunliche weiss geaderte Falter im Juli oder August, der unter dem Namen Lolch- oder Futtergras - Eule (*Neuronia popularis* Fb.) bekannt ist, und dessen Weibchen die Eier am Grunde der Grasbüschel ablegt.

Das Sammeln der Raupen zur Nachtzeit wäre zu empfehlen, doch werden auch die bei dem Lolchspinner angeführten Mittel Erfolg haben, wenn sie in der Nacht angewendet werden.

Die gleiche Lebensweise mit dieser Art führt auch die ihr sehr ähnliche nur etwas dunkler gefärbte und mit breiten Streifen gezierte Raupe der Gras-Eule (*Characas graminis* L.), die meist mehr in nördlichen Gegenden auftritt.

Ausser den hier angeführten Schädlingen wird noch die Mehrzahl der bei den Halmfrüchten besprochenen auch als Schädlinge der Gräser zu beachten sein, wie z. B. die Wintersaat-Eule (S. 10), das Getreidehähnchen (S. 15), die Fritfliege (S. 17) und mehrere andere.

Obstbäume.
Beschädigung des Stammes, der Aeste, Schosse
§. 72.

Die Stämme der Obstbäume oder auch stärkerer Aeste der-Weidenselben zeigen oft etwas breitere als hohe, rundliche bis zur Finger-bohrer. dicke grosse Löcher, deren Ränder schwärzlich und wie befeuchtet aussehen, und welche in schief nach oben verlaufende Gänge führen. Diese Löcher bohrt die 3 - 4" lange, 16füssige, etwas breitgedrückte, oben lichter oder dunkler rothe, unten weissgelbliche, sparsam kurzbehaarte, mit flachem, schwarzen Kopfe und sehr kräftigem Gebisse ausgerüstete Raupe des berüchtigten Weidenspinners (*Cossus ligniperda* L.).

Diese Raupe verbreitet einen starken Holzessiggeruch, der auch den Gängen derselben entströmt. Oft verrathen auch die am Fusse des Stammes herumliegenden dunkelgefärbten Excremente und Holzsplitterchen zuerst die Anwesenheit des Schädlings. Junge von der Raupe angegriffene Bäume beginnen bald zu kränkeln und gehen auch meist zu Grunde, während alte, starke Bäume oft eine ziemliche Anzahl Raupen ohne besonders sichtbaren Nachtheil beherbergen können. Obstbäume und verschiedene Laubholzarten besonders Weiden sind ihren Angriffen ausgesetzt. Die Raupe verwandelt sich in der Regel im Innern des Stammes zur Puppe, aus welcher im Juni — Juli der grosse Falter sich entwickelt, der durch seine weisslichgrauen, dunkelgewölkten, schwarzgerieselten Flügel, welche er im Ruhestande dachförmig über den dicken, grauen Hinterleib ausbreitet, besonders kenntlich erscheint. Das Weibchen legt die länglichrunden, hellbraunen, klebrigen Eier in Spalten, Rindenrisse etc. des Stammes oder der Aeste ab.

Was die Bekämpfung dieses Schädlings anbelangt, so kann die Raupe mit einem vorne hakenförmig umgebogenen Draht entfernt und getödtet oder durch Schwefeldampf in ihrem Lager erstickt werden, auch ist es leicht sie durch Tabakrauch aus ihrem Gange zu treiben, wo sie dann vertilgt werden kann. Der während des Tages träge meist am Fusse des Stammes ruhig sitzende Spinner kann dann leicht getödtet werden. — Es ist am besten ältere oft von einer grossen Zahl dieser Raupen bewohnte Bäume umzuhauen, und wird so mit einemmale die Brutstätte dieses Schädlings entfernt. — Weiters ist das Verstreichen aller schadhaften Stellen der Bäume mit Baumwachs oder Lehm zu empfehlen, weil das Weibchen gerade derlei Stellen zur Eierablage vorzuziehen scheint, so wie überhaupt schon einmal angegangene Bäume gerne wieder von demselben aufgesucht werden.

§. 73.

Blausieb. Eine ähnliche Erscheinung zeigt sich, wenn die Bäume von der Raupe einer verwandten Art angegriffen werden, doch sind dann die Löcher kleiner, nicht geschwärzt und ohne Holzessiggeruch. Diese Raupe ist $1^{1}/_{2} - 2''$ lang, 16füssig, licht wachsgelb gefärbt, glänzend, erhaben, schwarz punktirt mit schwarzem Kopfe.

Die Raupe findet sich oft in verhältnissmässig schwachen Aesten, die dann bei starkem Winde häufig abgebrochen werden. Sie verpuppt sich im Innern des von ihr angegriffenen Stammtheils. Der sich aus ihr entwickelnde Falter Rosskastanienspinner oder **Blausieb** (*Zeuzera aesculi* L.) genannt, hat weisse mit dunkelblauen Flecken gezierte Flügel, einen weiss und blau geringten Hinterleib und sitzt bei Tage ruhig an Baumstämmen meist in einer Höhe von 5 – 6 Fuss. Da dieser Schädling mit dem vorher besprochenen in der Lebensweise übereinstimmt, so gilt für ihn, was seine Bekämpfung anbelangt, das dort Angeführte.

§. 74.

Grosser Stutzbohrkäfer. Wenn an den Stämmen oder Aesten und zwar meist in der Nähe von Knoten, Aststellen etc. ungefähr nadelkopfgrosse Bohrlöcher sich zeigen, welche in einen senkrechten Gang führen, so wird sich, wenn man dieselben rechzeitig näher untersucht, in demselben ein $1^{3}/_{4} - 2'''$ langes, gewölbtes braunschwarzes Käferchen mit schief nach rückwärts aufsteigendem Hinterleib vorfinden, welches unter dem Namen **grosser Stutzbohrkäfer** (*Scolytus pruni* Rtz.) bekannt ist, oder man wird später in kleinen zwischen Bast und Splint verlaufenden, vom Hauptgange sich abzweigenden Gängen, die braunköpfigen, fusslosen, faltigen, gekrümmten, gelblichweissen Larven des Käfers wahrnehmen.

Ist die Rinde stark und dick, so verlaufen die Zweiggänge im Bast, ist sie schwach so greifen sie auch in's Holz. Die Aeste und schwachen Stämme von Pflaumen-, Kirsch-, Pfirsich-, Apfel-, Birn- und Quittenbäumen greift der Schädling mit Vorliebe an, er findet sich aber auch auf Traubenkirschen, Weissdorn. Seine Angriffe verursachen ein Kränkeln und manchmal das Absterben der Bäume.

Werden die erwähnten Bohrlöcher zeitig genug bemerkt, so ist die sogleiche Entfernung des sich einbohrenden Käfers anzuempfehlen. Später bleibt nichts übrig als das betreffende Rindenstück abzunehmen, um die darunter lebende Brut zu zerstören. — Es ist ferner räthlich, die angegriffenen Bäume durch besondere Pflege und besonders Begiessen bei trockenem Wetter möglichst zu kräftigen.

Da wo die Käfer sich häufiger zeigen, dürfte es angemessen sein, einige ohnediess werthlose Bäume zu opfern und durch künstliche Beschädigung krank zu machen, um die Käfer, welche derlei Bäume zum Ablegen der Eier vorzugsweise auswählen, zu bestimmen ihre Brut darin unterzubringen. Bemerkt man dann an dem Vorhandensein vieler Bohrlöcher, oder des Bohrmehles, dass dies geschehen, so müssen an den besetzten Stellen Rinde und Brut abgenommen und verbrannt werden.

Dieselbe Lebensweise führt auch der kleine Stutzbohrkäfer (*Scolytus rugulosus* Rtz.) und gilt für ihn daher das oben Gesagte.

§. 75.

Fliesst aus ähnlichen Bohrlöchern Saft aus, und gehen die Gänge die Saftgefässe durchschneidend in wagrechter Richtung in's Holz selbst, wo sie sich nach oben und unten verzweigen, so gehört der Schädling einer anderen Bohrkäferart und ist der sogenannte **ungleiche Borkenkäfer** (*Bostrychus dispar* L.). Dieser ist 1¼''' lang, zylindrisch, pechbraun, behaart und an seinem hinten plötzlich abgedachten Körper leicht zu erkennen. (Das nur ⅘''' lange lichter gefärbte Männchen ist fast halbkuglig). Die Lärvchen desselben, welche keine eigenen Gänge anlegen, finden sich in den oberwähnten Seitengängen. *Ungleicher Borkenkäfer.*

Dieser Schädling, dessen Angriffe in der Regel das Absterben der betreffenden Stämme veranlassen, findet sich in Obstbäumen und verschiedenen Laubholzarten.

Wird das Einbohren zeitig genug bemerkt und der Käfer entfernt (vertilgt), so lange er noch nicht tiefer als bis zum Splinte vorgedrungen ist, so kann den Verwüstungen vorgebeugt werden. Zu dieser Zeit fliesst aus den Bohrlöchern freilich kein Saft und es ist daher die Anwesenheit des Käfers schwerer zu entdecken.

§. 76.

Oft bemerkt man an den Stämmen Bohrmehl, Harzausfluss, Verunstaltung und Absterben der Rinde. Wird ein solches Rindenstück abgelöst, so finden sich dann im Splinte ausgenagte Gänge *Rindenwickler.*

und in denselben der Veranlasser dieser Erscheinung eine 4''' lange 16füssige, schmutziggraue, sparsam borstenhaarige, rothköpfige Raupe, die sich in den Gängen verpuppt und aus der ein kleiner, braunrostfarbiger Falter der sogenannte **Mandelholz- oder Wöber's Rindenwickler** (*Grapholitha Woeberiana* WV.) erscheint.

Das Weibchen legt seine Eier einzeln an die Rinde, in welche die Raupe sich einbohrt.

Pfirsich-, Aprikosen-, Mandel- und Pflaumenbäume werden von dieser Raupe oft arg beschädigt. Zuweilen weisen auch die zwischen der Rinde hervorstehenden leeren gelbbraunen Puppenhülsen zuerst auf die Anwesenheit dieses Feindes hin.

Um sich seiner zu erwehren ist es räthlich, die Rinde und Harzausflüsse abzukratzen und mittelst eines Drahtes die Raupen zu tödten, oder durch einen dicken Lehmanstrich das Auskriechen des Falters zu hindern. Letzteres Verfahren dürfte auch geeignet sein, das Ablegen der Eier zu verhindern und wäre daher anzuwenden, sobald man an den Bäumen leere Puppenhülsen bemerkt.

§. 77.

Johannisbeer-Glasflügler. Zeigen sich an den Johannis- und Stachelbeersträuchen Schosse, die sich meist durch faltige Oberhaut und Brüchigkeit auszeichnen, kleine mit sogenanntem Wurmmehl (Excrementen) verklebte Bohrlöcher, so wird man in der Markhöhle eines solchen eine ungefähr 8''' lange, 16füssige, walzige, sparsam feinbehaarte, weissliche Raupe mit braunem Kopfe antreffen, die vom Juli bis zum März des nächsten Jahres daselbst lebt, sich im Frühjahre verpuppt und aus welcher sich im Juni ein schlanker, blauschwarzer, durch seine stellenweise glashellen Flügel leicht kenntlicher Falter, der sogenannte **Johannisbeer-Glasflügler** (*Sesia tipuliformis* L.) entwickelt.

Durch das Abschneiden der obige Erscheinungen zeigenden Schosse im Frühjahre werden weitere Beschädigungen verhindert werden können. — Da dieser Schädling besonders in beschnittenen Schossen anzutreffen ist, so wird auch das spätere Zurückschneiden derselben räthlich sein.

Die weisslichgraue Raupe einer verwandten Art des **Himbeer-Glasflüglers** (*Sesia hylaeiformis* Lsp.) lebt im Wurzelstocke der Himbeersträucher und Brombeeren und steigt nach der Ueberwinterung in die vorjährigen Stengel empor, in welchen sich die Puppe im Juni findet. Auch hier wird das Beschneiden der befallenen Zweige zur Verminderung des Schädlings beitragen.

§. 78.

An 1—2 jährigen Zweigen von Haselsträuchern bemerkt man zuweilen, dass die Blätter früher welken und die Knospen verkümmern. Spaltet man solche Zweige, so wird sich in denselben an Stelle des aufgezehrten Markes eine fusslose, wachsgelbe, schwach behaarte, vorn verdickte Larve mit kleinem Kopfe finden. *Haselböckchen.*

Diese Larve, welche sich erst im Frühjahre des 2. Jahres in dieser Höhlung verpuppt, gelangt oft, indem sie ihren Frass nach abwärts fortsetzt, bis ins 3jährige Holz, welches in Folge dieses Angriffes meist ebenfalls zu Grunde geht.

Der schwarze, gelbbeinige Käfer, welcher sich aus der Puppe entwickelt erscheint vom Mai bis Juni und wird Haselböckchen (*Oberea linearis* F.) genannt; das Weibchen legt die Eier einzeln ungefähr ½′ unter der Triebspitze der Zweige ab, von wo sich dann die Larve in die Zweige einbohrt.

Auch hier ist das Abschneiden oder Abbrechen der kranken Zweige und das Verbrennen derselben zu empfehlen.

§. 79.

Wenn im Juli oder August einjährige Zweige (Schosse) von Birnbäumen eine schwärzliche Färbung zeigen, ihre Oberhaut faltig wird und sie endlich ganz absterben, so wird man bei näherer Untersuchung in dem an der Stelle des aufgezehrten Markes entstandenen Hohlraum eine bis 3½′′′ lange, beingelbe, walzige, vorne mehr wulstige, hinten in einen Stachel auslaufende, fusslose Larve (Afterraupe) mit dunklem Kopfe vorfinden, die ihren Frass meist 1—2′′ unterhalb der Triebspitze beginnt und bis zur Gablung des Zweiges fortsetzt. An dieser Stelle webt sie sich im Spätjahre ein leichtes seidenartiges Gespinnst, mit dem sie die Markhöhle auskleidet, um darin zu überwintern und im nächsten Frühjahre vom April an, sich in eine feinhäutige Puppe zu verwandeln. *Birnzweigwespe.*

Aus dieser Puppe entwickelt sich Mitte Mai eine 3′′′ lange seidenartig kurz behaarte schwarz und röthlich gelb gefärbte, grossköpfige Wespe, welche Birnzweigwespe (*Ephippionotus* [*Cephus*] *compressus* F.) genannt wird.

Das Abschneiden solcher Schosse, entweder im Spätsommer oder auch im Frühjahr bei Gelegenheit des Baumschnittes, wird am geeignetsten sein, weiteren Beschädigungen vorzubeugen.

§. 80.

Zweigabstecher. Zuweilen bemerkt man an Obstbäumen im Mai oder Juni noch weiche, kürzere oder längere Schosse, die wie abgebrochen herabhängen oder völlig abgebrochen am Boden liegen. Der Veranlasser dieser Beschädigung ist der **Zweigabstecher** *(Rhynchites conicus* Illig.*)* ein 1½″ langer, glänzend blauer oder blaugrüner, deutlich behaarter Rüsselkäfer mit langem stielrunden Rüssel und punktirt gestreiften, die Hinterleibspitze nicht ganz bedeckenden Flügeldecken. Das Weibchen legt seine Eier in die abgeschnittenen Zweige ab, deren Mark die aus ihnen sich entwickelnde Larve verzehrt und erwachsen zur Verpuppung in die Erde geht.

Der Käfer beschädigt auf gleiche Weise die meisten unserer Obstbäume aber auch Traubenkirschen, Weissdorn etc. und ist besonders in Baumschulen den Pfropfreisern sehr verderblich, hindert aber überhaupt auch den Fruchtansatz, da er Blüthen und Blattstiele anbohrt und beschädigt.

Um die Verbreitung dieses Schädlings zu verhindern, müssen die abgebissenen Zweige gesammelt und vertilgt werden. — Ebenso ist zu empfehlen im Frühjahre in den frühen Morgenstunden die Käfer durch Anprällen der Stämme und Aeste herabzuschütteln und zu vertilgen.

§. 81.

Blutlaus. An jungen Apfelbäumen, die durch ihr kränkliches Aussehen auffallen, findet man bei näherer Untersuchung an der Unterseite der 1—2jährigen Zweige, oder auch an von der Rinde entblössten Stellen des älteren Holzes (den sogenannten Frostrissen und Wunden) reihenweise oder in Gruppen sitzende, 6füssige, braunröthliche, oben wie mit langer weisser Wolle bedeckte, 1‴ lange, blattlausähnliche Insekten, welche durch Aussaugen der Rinde oder des Splintes Wucherungen und krankhafte Stellen veranlassen, das Vernarben der Wunden verhindern und junge Bäume derart schwächen, dass sie kränkeln und oft ganz zu Grunde gehen.

Es wurde namentlich in manchen Gegenden Deutschlands über die durch diese Schädlinge veranlassten Verluste geklagt, während sie in Oesterreich unseres Wissens noch zu keinen Klagen Veranlassung geboten haben.

Dieses Insekt, welches sich, abgesehen von andern weniger auffallenden Merkmalen, schon durch seine Bedeckung mit einem weissen, wollähnlichen

Stoffe, den Mangel der sogenannten Saftröhren am Ende des Hinterleibes von den eigentlichen, früher erwähnten Blattläusen unterscheidet, wird die wolltragende Rindenlaus oder Blutlaus (sie lässt nämlich beim Zerdrücken einen blutrothen Fleck zurück) *(Schizoneura lanigera* Hausm.) genannt.

Die im Herbst erscheinenden glänzend schwarzen, gleichfalls weisswollig behaarten, geflügelten Weibchen legen ihre Eier am Fusse der Bäume ab. Die im Frühjahre aus ihnen sich entwickelnden Jungen kriechen dann nach oben, suchen sich die entsprechenden Stellen und vermehren sich den Sommer über sehr stark, da sie gleich den Blattläusen auch lebende Junge zur Welt bringen.

Gegen diesen Schädling wurde das Bestreichen der besetzten Stellen mit einer Mischung von 2 Loth Terpentinöl und 2 Pfund Thonerde empfohlen. Ferner im Herbst das Belegen des Bodens um die Baumstämme herum mit Moos, in welches die Weibchen ihre Eier gerne ablegen sollen und das Verbrennen dieses mit Vorsicht einzusammelnden Mooses im Frühjahr; endlich dürfte auch das Auffrischen der Theergürtel im Frühjahre geeignet sein, das Vordringen dieser Schädlinge zu verhindern.

Schliesslich wäre noch anzurathen namentlich aus fremden Baumschulen angekaufte Bäume vor der Einpflanzung genau zu untersuchen, damit nicht auf diese Weise eine Einschleppung stattfinde.

§. 82.

An jungen Birnbäumen, die durch ihr Kränkeln auffallen, zeigen sich die jungen Zweige (Schosse) wie mit schwarzem, feuchten Schmutze bedeckt. Bei genauerer Besichtigung erkennt man, dass es eng aneinander gedrängte, etwa 1''' lange, 6füssige, flügellose, bräunliche, blattlausähnliche Insekten sind, welche durch Aussaugen des Saftes, das Krümmen, Verkümmern und Absterben der Zweige veranlassen. Sie sondern eine wässrige, klebrige Flüssigkeit (Honigthau) ab, welcher die Zweige beschmutzt und die Poren verstopft.

Erwachsen verlassen sie einzeln ihre Lagerstätte, begeben sich auf die Blätter, wo sie kurze Zeit unbeweglich verharren, bis sich ihre Haut spaltet und das vollkommen geflügelte Insekt erscheint, das unter dem Namen Birnsauger *(Psylla pyri* L.) bekannt ist; seiner Sprungfertigkeit wegen auch Springlaus heist. Das durch den rothen Hartleib leicht kenntliche Weibchen legt die Eier an junge Blätter, Blüthenstiele, Zweige etc. ab, welche dann wie mit gelbem Staube bedeckt erscheinen.

Gegen diesen Schädling, welcher oft das Kränkeln, den fehlerhaften Wuchs oder selbst gänzliches Absterben der jungen Bäume veranlasst, ist am gerathensten, die jungen Thiere von den Zweigen abzustreifen oder zu zerquetschen; ebenso sind die mit Eiern besetzten Blätter zu verbrennen und nach Thunlichkeit die eierlegenden Weibchen zu fangen und zu tödten. Da dieselben unter loser Rinde etc. überwintern, so ist auch das Abkratzen der Bäume zu ihrer Verminderung von Nutzen.

Mehrere andere Arten führen wir nicht an, da für sie dieselben Mittel gelten.

§. 83.

Pfirsichschildlaus. Man bemerkt an den Pfirsichbäumen namentlich in den Astwinkeln oft bis 4''' lange, gewölbte, braune Erhabenheiten, in welchen man bei näherer Untersuchung die Weibchen der Pfirsichschildlaus (*Coccus persicae* Schrb.) erkennt.

Diese enthalten eine grosse Anzahl von Eiern, aus welchen die äusserst kleinen gelb- und röthlich gefärbten Jungen im Juni u. Juli erscheinen, sich zerstreuen und an Blättern und Schossen festsetzen, welche davon oft ein fast grindartiges Aussehen bekommen. Ihre Anwesenheit wird auch durch den in grosser Menge abgesonderten Honigthau, welchem namentlich die Ameisen nachgehen, verrathen. Sie schwächen die Bäume durch Aussaugen des Saftes oft bedeutend. Am gerathensten erscheint es, die Weibchen im Frühjahre zu tödten, was sich zur Zeit des Baumschnittes leicht vollführen lässt.

Dasselbe Verfahren hat auch für die Gattungsverwandten, die auf verschiedenen anderen Obstbäumen leben, Geltung.

Beschädigung der Knospen, Blätter, Blüthen oder Früchte.

§. 84.

Pflaumengallmücke. Man bemerkt an Pflaumenbäumen öfter Knospen, welche nicht zur Entwicklung gelangen, sich nicht entfalten, sondern sich in eine zitronenförmige Galle umwandeln, in welcher man bei näherer Untersuchung die Veranlasserin, eine kleine kopf- und fusslose, bernsteingelbe Made vorfindet.

Erwachsen verpuppt sie sich in der Galle und es erscheint aus derselben eine kleine schwärzliche Mücke, welche Pflaumengallmücke (*Asynapta lugubris* Win.) heisst, und ihre Eier in die Blattknospen ablegt. Ausser Pflaumenbäumen werden auch Schlehen derart beschädiget.

Es dürfte am gerathensten erscheinen, zur Verminderung dieses Schädlings die sich nicht entwickelnden Knospen auszubrechen und sammt dem Inwohner zu vertilgen.

§. 85.

Grauer Knospenwickler. Oft sieht man, dass die an der Spitze durch einzelne Fäden wie verklebt zusammenhängenden Laub- und Blüthenknospen sich nicht entfalten könen, braun werden und zu Grunde gehen. Zuweilen zeigen sich aber auch Blätter und Blüthen knäuelartig zu Büscheln zusammengesponnen.

Untersucht man solche Knospen näher, so wird man im Innern derselben eine 16füssige, bräunlichgrüne, schwarz punktirte, sparsam behaarte Raupe mit schwarzem Kopfe und Afterschilde antreffen, die sich später an dieser Stelle verpuppt, und aus welcher sich dann im Juni-Juli ein bräunlich blaugrauer Falter, der sogenannte graue Knospenwickler (*Grapholitha variegana* H.) entwickelt, der sich bei Tage verbirgt und während der Nacht seine Eier an die Knospen ablegt.

Manchmal deutet auch ein an der Knospe befindliches Safttröpfchen die Anwesenheit dieses Schädlinges an. Die Raupe wird besonders dadurch sehr schädlich, dass sie häufig den Gipfeltrieb oder die obersten Knospen der Propfreiser zu ihrem Aufenthalte wählt und diese zerstört.

An Zwerg- und Spalierbäumen können solche Knospen, an denen derlei Erscheinungen wahrgenommen werden, leicht geöffnet und die Raupen mit einer Nadel herausgeholt und vertilgt werden. Bei Hochstämmen aber erübrigt nur die wahrgenommenen Büschel mit der Raupenschere abzukneipen und zu verbrennen.

Ausser der vorgenannten Art führen noch mehrere andere Wickler-Arten, die man gewöhnlich unter dem Namen Knospenwickler zusammenfasst, eine ähnliche Lebensweise und sind daher schädlich, wir übergehen sie aber, da zu ihrer Bekämpfung das eben Gesagte gilt.

§. 86.

Wenn die Knospen derart zusammengeklebt und abgefressen werden, dass Blätter und Blüthen gar nicht zur Entwicklung gelangen oder Blätter und Blüthen abgenagt und in Folge dessen in trockene Büschel verwandelt werden, so dass die Bäume wie versengt aussehen, so ist die Veranlasserin einer solchen Beschädigung die 10füssige, 6—7''' lange, gelblichgrüne Raupe des Frostspanners. *Kleiner Frostspanner*

Die Raupen verlassen, wenn sie erwachsen sind, die Bäume und verpuppen sich ziemlich seicht in der Erde. Ende October oder Anfangs November verlässt der 4''' lange Spanner die Puppe; das Männchen hat braungraue mit dunkleren gewellten Querlinien gestreifte Vorder- und etwas hellere Hinterflügel, das Weibchen hingegen nur kurze Flügelstummel. Derselbe ist auch unter den Namen **Reifmotte, Spätling, Winterspanner, Frostschmetterling, grüner Spanner, Obstverderber, Fresser** etc. (*Cheimatobia brumata* L.) bekannt. Das Weibchen legt die anfangs grünlichen später röthlichen sehr kleinen Eier meist einzeln an oder nahe bei Knospen ab, zu welchem Zwecke es an den Bäumen aufkriecht.

Die Obstbäume werden von diesem Schädlinge oft kahl gefressen, der auch Laubhölzer nicht verschont und oft selbst die jungen Früchte anfrisst.

Das zweckmässigste Mittel gegen diesen so argen Feind ist unzweifelhaft die Verhinderung des Eierablegens, was durch Anlegen eines Theerringes oder -Bandes um die Baumstämme bewirkt werden kann. Man benützt hiezu am einfachsten ungefähr handbreite Streifen mehrfach zusammengelegten starken Papieres, umwickelt mit demselben den Stamm in einer Höhe von circa 4 Fuss ober dem Boden und befestigt ihn mit einer Schnur oder mit Draht derart, dass er dem Stamme knapp anliegt. Um Letzteres besser erreichen zu können, bedeckt man vorher die betreffende Stelle mit einer dünnen Lage weichen Lehmes, wodurch Spalten und Rindenrisse ausgefüllt werden, und zugleich ein Eindringen des Theers verhindert wird. Der flüssige Theer darf nur sehr dünn und zwar auf die obere Hälfte des Streifens aufgetragen werden, da hiebei die untere Hälfte desselben ohnedies vollständig mit Theer überkleidet und so ein Abfliessen desselben auf die Rinde vermieden wird. Man kann den Theer auch mit Vogelleim mischen oder wenn er zu dünnflüssig ist, gewöhnliches Harz erwärmt zusetzen. — Wenn diese Bänder ihre Klebrigkeit verlieren, was gewöhnlich in 4—8 Tagen der Fall ist, so müssen dieselben neu bestrichen werden. . . . Dies ist auch nöthig, so oft der Streifen mit gefangenen Thieren bedeckt ist, da sonst die Nachkommenden sich dieser Leichen als Brücke bedienen und den Ring überschreiten. Das Anlegen solcher Theerbänder erfolgt am besten gegen Mitte October, und müssen dieselben bis nach dem Gefrieren des Bodens in Stand gehalten werden. Nach dem Aufthauen des Bodens im Frühjahre sind sie wieder aufzufrischen und bis in den Mai in Stand zu halten, wodurch noch manche andere Schädlinge vernichtet werden.

Sind die Bäume mit Pfählen versehen, so müssen auch letztere einen Theeranstrich erhalten. Dessgleichen ist auch darauf Rücksicht zu nehmen, dass nicht durch etwa daneben stehende Sträucher oder andere Gegenstände den Weibchen die Möglichkeit geboten ist, dennoch auf die Bäume zu gelangen.

Ganz dieselbe Art der Anwendung gilt auch für eine von dem Lehrer C. Becker in Jüterbog erfundene und von ihm Brumata- (Frostspanner-) Leim genannte Mischung.

Ja dieser Leim hat noch folgende Vorzüge vor dem Theer: Lässt er sich leichter und bequemer aufstreichen, braucht nur sehr dünn aufgetragen zu werden, behält seine Klebrigkeit viel länger (14 Tage), ist fast gänzlich geruchlos und für die Bäume unschädlich, hat also so wesentliche Vorzüge, dass er Empfehlung verdient, und der etwas höhere Preis dieses Leims für Viele kein Hinderniss bilden dürfte ihn anzuwenden.

Ausserdem sind die etwa unterhalb der Theerringe von den Weibchen abgelegten Eier zu zerdrücken. Auch das Abklopfen und Vertilgen der Raupen soll nicht ausser Acht gelassen werden, und ist dies namentlich an Sträuchern und Hecken, die man nicht mit Theerringen versehen kann, nöthig. Schliesslich ist, wo dies ausführbar ist, auch der Boden um die Bäume und Sträucher fusstief umzugraben und dann festzutreten, wodurch viele Puppen vertilgt und das Auskriechen der Schmetterlinge verhindert wird.

Eine ähnliche Lebensweise führt die 10füssige, 1″ lange, gelbliche mit dunklen Rückenquerbändern versehene Raupe des grossen Frostspanners, auch Blatträuber, Entblätterer etc. (*Hibernia defoliaria* L.) genannt. Sie unterscheidet sich von der vorigen Art ausser der Färbung und Grösse hauptsächlich dadurch, dass sie häufiger freisitzend angetroffen wird und Knospen und Blätter nicht zusammenspinnt. Sie verlässt die Bäume erst Mitte Juli und verpuppt sich in der Erde. Der Falter erscheint etwas vor dem kleinen Frostspanner. [Grosser Frostspanner.]

Gegen diesen Schädling gelten die oben empfohlenen Mittel.

Ebenso ist gegen mehrere andere Spannerarten, deren Weibchen ebenfalls flügellos sind, vorzugehen, nur dass manche von ihnen erst im Frühjahre auftreten, daher die Auffrischung der Theerringe im Frühjahre schon dieser Arten wegen nicht versäumt werden soll.

§. 87.

Knospen, Blätter und Blüthen werden befressen und vernichtet: [Baumweissling.]

1. von 16füssigen, unten aschgrauen, oben dunkeln, braunroth oder rothgelb gestreiften, behaarten, gesellschaftlich lebenden Raupen, die sich Abends oder bei schlechtem Wetter oder starkem Sonnenschein auch während des Tages in ein gemeinsames, aus zusammengesponnenen Blättern verfertigtes Nest versammeln. Erst wenn sie erwachsen sind, zerstreuen sie sich und verpuppen sich dann an Aesten, Zäunen etc. Die gelbliche mit schwarzen Strichen und Punkten gezierte Puppe ist mit dem Hinterleib an einer mit Fäden überzogenen Stelle und mittelst eines Fadens um den Leib befestigt.

Der vom Ende Mai bis Juni erscheinende Falter hat weisse, schwarzgeaderte Flügel, und ist unter den Namen Aderfalter oder -weissling (*Aporia crataegi* L.) bekannt. Er legt seine goldgelben, gefurchten, oben und unten etwas spitzen Eier in Häufchen (Kuchen) bis zu 150 auf die Oberseite der Blätter der Obstbäume ab. Die vom Juli an auskriechenden Räupchen skelettiren die Blätter, und überwintern dann in zusammengezogenen mit vielen Fäden am Zweige befestigten Blättern, (den sogenannten kleinen Raupennestern). Meist schon Anfangs April verlassen sie die Winterquartiere, verfertigen sich neue Nester und befressen nun die Knospen und das junge Laub, und verpuppen sich gewöhnlich gegen Ende Mai.

Sie finden sich auf Pflaumen-, Birn-, Apfelbäumen, Mispeln, aber auch Vogelbeeren, Schlehen, Weissdornen. Am leichtesten ist die Vertilgung dieses Schädlings durch das Abschneiden und Verbrennen der im Winter leicht sichtbaren Raupennester. An niedrigen Bäumen und Sträuchern können auch die Eier leicht vertilgt werden, was auch von den Puppen gilt.

Wer die Mühe nicht scheut, die leicht auffallenden Falter zu fangen und zu vertilgen, kann dieselben oft in grosser Anzahl an Pfützen versammelt antreffen.

§. 88.

Grosser Fuchs.
2. Von gesellschaftlich lebenden, 16füssigen, schwarzgrauen, feinbehaarten, mit rothgelben verzweigten Dornen besetzten Raupen, die sich Abends in ihr Gespinnst zurückziehen.

Erwachsen zerstreuen sie sich, und suchen an Bäumen, Aesten, Zäunen, Wänden etc. ein Plätzchen, um sich in eine braune, mit mehreren scharfen Hervorragungen und meist auch mit einigen Goldflecken gezierte Puppe zu verwandeln.

Der im Juli oder August erscheinende Falter hat rothbraune, mit grossen schwarzen Flecken und einem welligen blauen, schwarz und hellgelb eingefassten Randstreifen versehene Flügel, und wird auch Kirschenfalter oder Blankante (*Vanessa polychloros* L.) genannt.

Das Weibchen legt die röthlichbraunen Eier (zu 150—200) in einem, das Zweigchen seitlich- oder halbumfassend, angeklebten Kuchen ab. Die Räupchen verlassen die Eier im Frühling.

Kirsch-, Weichsel-, Birn-, Apfel- und Quittenbäume, aber auch Laubhölzer, wie Aspen, Weiden, Ulmen beschädigen sie.

Am erspriesslichsten gegen diesen Schädling ist das Sammeln und Verbrennen der Eierkuchen im Frühjahre. Wo ganze Raupengesellschaften, welche ihre Anwesenheit durch Entblätterung der Zweige verrathen, angetroffen werden, sind dieselben selbstverständlich zu vernichten. Auch das Zerstören der Puppen dürfte rathsam erscheinen.

§. 89.

Ringelspinner.
3. Von ebenfalls gesellig lebenden, Anfangs schwarzgrauen, lang hellbraun behaarten, später blau, roth, gelb und weiss gestreiften,

blauköpfigen Raupen, deren Ruhestätte durch ein starkes Gespinnst auffällt. Später schlagen sie ihr Quartier auch in Astgabeln (daher Gabelraupe) an der Unterseite der Aeste oder am Stamme auf, und sind bei schlechtem Wetter oder Abends immer da versammelt. Sie wandern von einem abgeweideten Aste oder Baume zum andern, um ihre Verwüstung fortzusetzen. Erwachsen verpuppen sie sich in einem Gespinnste zwischen zusammengezogenen Blättern, oder in Spalten, Ecken und Winkeln der Wände, Zäune, Planken.

Der meist Anfangs Juli erscheinende dickleibige Falter ist okergelb bis rothbraun. Der Ringelspinner (*Gastropacha neustria* L.) fliegt Abends und legt seine Eier zu 150—300 in Form eines breiten Ringes (schmalen Bandes) um irgend ein Zweigchen. Diese Eier liegen in einer Anfangs weichen, klebrigen, schwarzgrauen, bald aber sich sehr verhärtenden Masse, die wie überfirnisst aussieht. Die Räupchen erscheinen erst im Frühlinge.

Obstbäume, sowohl als Sträuche und Laubholz beschädigen sie. Die Bekämpfung dieses so argen Schädlings geschieht am wirksamsten durch Abschneiden und Verbrennen der Zweigchen mit dem Eierringe im Winter oder März. — Die Vertilgung der Raupen erfolgt am besten, wenn man den von ihnen besetzten Zweig vorsichtig abschneidet und das ganze Nest zertritt, oder die in Astgabeln oder am Stamme Versammelten mittelst eines Strohwisches oder Lappens zerdrückt oder mit Seifenwasser bespritzt.

§. 90.

4. Ferner von gesellig lebenden, 16füssigen, anfangs schmutziggelben, schwarzpunktirten, später schwarzgrauen, braunbehaarten, mit rothen Längslinien und weissen Seitenflecken gezierten Raupen, welche ausserdem rothbraune Haarbüschel und 2 rothe Warzen zeigen, gerne an der sonnigen Seite der Aeste ausruhen und sich Abends in ihr aus Blättern bestehendes Nest zurückziehen. Erwachsen verpuppen sie sich einzeln oder mehrere zusammen zwischen Blätterbüscheln.

Goldafter.

Ende Juni oder Anfangs August erscheint der dicke schneeweisse Falter mit am Ende goldbraun dicht behaartem Hinterleibe (*Porthesia chrysorrhoea* L.) Das Weibchen legt bis 270 braungraue Eier in länglichen Haufen an die Unterseite der Blätter ab und bedeckt sie mit seiner Hinterleibswolle, so dass sie wie kleine Schwämme aussehen. Die im August ausschlüpfenden Räupchen skelettiren die in der Nähe befindlichen Blätter, und überwintern dann in zu einem Knäuel zusammengezogenen und mit Fäden am Schosse befestigten Blättern (den sogenannten grossen

Raupennestern). Sie finden sich an den Obstbäumen, besonders Zwetschken-, Birn- und Apfelbäumen und an den meisten Laubhölzern vor.

Zu ihrer Vertilgung ist das Sammeln und Verbrennen der Raupennester während des Winters am gerathensten. Eierhaufen und Puppen lassen sich meist nur auf Zwergbäumen leicht auffinden und zerstören. Auch gegen die Raupengesellschaften kann vorgegangen werden.

Es muss hiebei aber bemerkt werden, dass die Haare der Raupen ungemein brüchig sind und lästiges Jucken und Entzündung der Haut veranlassen, besonders wenn sie dem Vertilger auf den Hals fallen.

Aehnliche Beschädigungen veranlasst auch die der genannten Art sehr ähnliche Raupe des Schwamm- oder Gartenbirnspinners (*Porthesia auriflua* L.) Diese Raupe lebt jedoch nur einzeln und überwintert in einem, zwischen Rindenrissen oder dem Moos der Baumstämme angelegten Gespinnste. Die Falter und Eierhaufen gleichen der vorigen Art. Es dürfte sich zu ihrer Vertilgung das Abkratzen der Rinde im Frühjahre und Reinigen der Stämme mittelst stumpfer Besen empfehlen und wie bei vorigen das Sammeln der Eierhaufen.

§. 91.

Schwammspinner.

5. Von gesellig lebenden, 16füssigen, anfangs schwarzgrauen, langbehaarten, später aschgrauen, mit 3 gelblichen Längsstreifen gezierten, gelbköpfigen Raupen, welche sich durch die in 2 Reihen gestellten, borstenhaarigen Knopfwarzen, von denen die vorderen 5 blau, die 6 hinteren rothgefärbt sind, besonders auszeichnen.

Erwachsen verpuppt sich die Raupe in einem durchsichtigen, weitmaschigen Gespinnste an Bäumen, Hecken, Zäunen, der Unterseite der Gartenbänke und Tische etc. Die schwarze walzige, mit rostrothen Haarbüscheln besetzte Puppe bewegt sich, wenn man sie berührt, sehr lebhaft.

Der daraus im August erscheinende entweder bräunliche (männliche) oder weisse (weibliche), mit schwarzen zackigen Querstreifen versehene Falter ist auch unter dem Namen Grosskopf (*Ocneria dispar* L.) bekannt.

Das Weibchen legt die gelbgrauen Eier in Haufen von 300—500 an Baumstämmen, Planken, Mauern etc. ab, und bedeckt sie mit den gelblichgrauen Haaren seines Hinterleibes, so dass diese Eierhaufen einem Stück Feuerschwamm nicht unähnlich sehen. Die Räupchen verlassen erst im Frühjahre die Eier, fressen hauptsächlich während der Nacht und entblättern oft ganze Bäume, die Blätter sammt Blattstielen aufzehrend.

Gegen diesen Schädling ist es am zweckmässigsten während des Winters die Eierhaufen aufzusuchen und zu zerdrücken, an rissigen Baumstämmen ist es vorzuziehen, sie abzukratzen und zu verbrennen. — Wird dies verabsäumt, so bleibt nichts übrig als die Raupen selbst zu tödten. Man findet sie während des Tages häufig an der Unterseite der

Aeste oder am untern Theil des Baumstammes in grosser Anzahl beisammen und kann sie mittelst stumpfer Besen oder Tuchlappen zerquetschen. — Ebenso angezeigt ist es, die leicht aufzufindenden Puppen zu vertilgen. — Die trägen, weissen weiblichen Falter sieht man bei Tage ruhig an Baumstämmen, der Unterseite der Aeste sitzen und kann sie ebenfalls leicht tödten.

§. 92.

Von einzeln lebenden, 16füssigen, dicken, walzigen, gelbgrünlichen, mit kurzen borstenartigen Haaren auf den schwarzen Wärzchen besetzten Raupen, die sich durch den runden hellblauen Kopf besonders kennzeichnen (daher auch **Blaukopf** genannt). [Blaukopf.]

Erwachsen verpuppt sie sich in einem grauen, festen, mit Flechten, Mörtel u. s. w. vermengten Gespinnste an Bäumen, Wänden, Planken etc. und es erscheint im August oder September ein braungrauer, mit einem grünlich weissen, nieren- oder brillenähnlichen Flecken auf jedem Vorderflügel gezierter Falter, der unter dem Namen Brillenvogel (*Diloba caeruleocephala* L.) bekannt ist. Das Weibchen legt die Eier zur Nachtzeit an den Bäumen ab.

Die weitverbreitete und gemeine Raupe findet sich besonders auf Zwetschken-, Marillen- und Mandelbäumen, aber auch Schlehen, Weissdorn etc. und richtet in manchen Jahren durch ihre Gefrässigkeit nicht unbedeutenden Schaden an.

Da weder die Eier und Puppen, noch der Falter selbst leicht aufzufinden sind, der Schädling daher in diesen Ständen nicht mit Erfolg bekämpft werden kann, so erübrigt nichts anders als gegen die Raupe selbst vorzugehen. Die durch ihre Färbung und Grösse leicht bemerkbare, träge Raupe muss durch Schütteln oder Anprällen von den Bäumen und Sträuchern abgeschüttelt und dann getödtet werden.

§. 93.

Wenn sich zeigt, dass die durch ein weisses dichtes Gespinnst [Gespinnstmotte.] zusammengehaltenen Blätter des Blattfleisches beraubt sind, so dass nur die Blattrippen und Nerven übrig bleiben, so ist die Veranlasserin dieser Erscheinung die in diesen Gespinnsten gesellig lebende, ungefähr 1″ lange, 16füssige, vorn und hinten etwas verschmälerte, schmutziggelbe, mit schwarzen Rückenflecken und kleinen dunklen Borstenwärzchen gezierte, schwarzköpfige Raupe einer Gespinnstmotte, welche sich, wenn sie erwachsen ist, in haberkornähnlichen weissen Cocons verpuppt, die einzeln oder in Bündeln im Gespinnste aufgehängt sind, und aus welchen im Juni oder Juli ein kleiner Falter, welcher auch **Schnauzenmotte** (*Hyponomeuta* Latr.) heisst, erscheint.

Diese Motten sind glänzend weiss, und sowohl Rücken- als Vorderflügel sind mit vielen schwarzen Punkten geziert. Das Weibchen legt die Eier in der Nähe der Knospen ab, welche die im Frühjahre auskriechenden Räupchen beschädigen. Sie werden aber gewöhnlich übersehen und erst nach Anlegung ihres Gespinnstes bemerkt.

Sie finden sich auf Apfel-, Birn-, Kirsch- und Pflaumenbäumen, aber auch Ebereschen, Schlehen, Pfaffenkäppchen etc. vor.

Da aber die, meist nach den Futterpflanzen benannten, verschiedenen Arten in der Lebensweise übereinstimmen, so erscheint es für die Praxis überflüssig, sie einzeln aufzuführen.

Gegen diese Beschädigungen ist zu empfehlen, die Raupen, sobald man ihr Gespinnst bemerkt, zu tödten, was mit Erfolg geschehen kann, wenn man sie mittelst eines Lappens oder mit den Handschuhen zerdrückt, wobei aber Sorgfalt nöthig ist, weil sie sich bei der geringsten Störung an Fäden herablassen und entrinnen. — In gleicher Weise ist auch, falls die Vertilgung der Raupen verabsäumt wurde, gegen die Puppen vorzugehen. Die während des Tages ruhig an Stämmen sitzenden Schmetterlinge können leicht getödtet werden.

§. 94.

Gesellige Birn-Blattwespe. Merkt man, dass die durch loses Gespinnst verbundenen Blätter vom Rande her angefressen werden, so veranlasst dies die gesellig lebende, ungefähr 1" lange, mit 6 Brustfüssen und 2 stabförmigen Nachschiebern und auffallend langen Fühlern versehene, gelbe, schwarzköpfige Afterraupe der **geselligen Birnblattwespe** (*Lyda pyri* Schr.)

Die erwachsene Raupe verlässt meist im August die Bäume und verpuppt sich in der Erde.

Aus der Puppe erscheint im Mai bis Juni und Juli die 6''' lange Wespe mit schwarzem Kopf- und Brusttheile und gelbbraunem Hinterleibe, die dann ihre gelben Eier zu 40—60 Stück zusammen auf die Unterseite der Blätter der Futterpflanzen ablegt.

Diese Afterraupen beschädigen am häufigsten Birnbäume, finden sich aber auch auf Ebereschen, Weissdorn vor.

Am entsprechendsten ist es die leicht bemerkbaren Gespinnste aufzusuchen und sammt ihren Bewohnern zu vertilgen. — Das tiefer Umgraben der Erde um derlei Bäume im Spätsommer dürfte auch die Vertilgung der Puppen bewirken.

Aehnliche Beschädigungen an Steinobstbäumen verursacht die Afterraupe der **Steinobst-Blattwespe** (*Lyda nemoralis* L.), welche mit der vorigen in der Lebensweise übereinstimmt und sich von derselben hauptsächlich nur durch ihre ganz grüne Farbe und dadurch unterscheidet, dass sie schon Ende Mai die Bäume verlässt, um sich zu verpuppen.

Es gelten für sie daher auch die obgenannten Mittel.

§. 95.

Die Blätter der Stachel- und Johannisbeersträucher werden bis auf die Mittelrippe abgeweidet von 20füssigen, bis 8''' langen, grünen vorne und hinten gelblichen mit schwarzen Haarwarzen besetzten, schwarzköpfigen Afterraupen, die bei Störung gerne eine ∽ förmige Stellung annehmen. *Gelbe Stachelbeer-Blattwespe.*

Erwachsen verpuppen sie sich Ende Mai oder Anfangs Juni knapp unter der Erdoberfläche in einem mit Erdkörnchen gemengten Cocon, entweder einzeln oder mehrere zusammengeklebt.

Die rothgelbe, schwarzgefleckte und schwarzköpfige Wespe *(Nematus ventricosus* Klg.) erscheint im Juni und legt ihre Eier an die Blätter dieser Sträucher ab, aus welchen dann im Juli und August die 2. Generation der Afterraupen sich entwickelt, welche sich im September in der Erde verpuppen und im Herbste oder Frühjahre die Wespe liefern, aus deren Eier die im Mai auftretenden Afterraupen sich entwickeln.

Das Abklopfen der leicht herabfallenden Afterraupen und deren Vertilgung wird sich als das zweckmässigste Mittel gegen diesen Schädling bewähren, zu dessen Verminderung auch das Umgraben des Bodens um die Sträucher herum Ende Mai und Oktober zu empfehlen ist.

Eine ähnliche Lebensweise führt die im Juni, Juli und dann wieder im Oktober auftretende, von der vorigen Art wenig verschiedene Afterraupe der **schwarzen Stachelbeerwespe** *(Emphytus grossulariae* Klg.) rücksichtlich deren Bekämpfung ebenfalls das oben Empfohlene gilt.

§. 96.

Die Blätter oder auch Blüthen vorzugsweise der Stachel- und Johannisbeersträucher werden von 10füssigen, schlanken, sparsam behaarten oben weissen mit schwarzen Flecken gezierten, unten gelben Raupen mit glänzend schwarzem Kopfe verzehrt. *Stachelbeerspanner.*

Diese Raupen verpuppen sich im Juni, wobei sie sich mittelst einiger Fäden an Blätter oder Zweige hängen und es erscheint dann im Juli oder August aus den dunkelbraunen Puppen der sogenannte **Stachelbeerspanner oder Harlekin** *(Zerene grossulariata* L.) ein hübscher Falter, der durch seine weissen, gelbgebänderten und schwarzgefleckten Flügel sehr auffällt, nur Abends fliegt und seine strohgelben, gegitterten Eier in kleinen Gruppen zwischen die Blattrippen auf der Blattunterseite ablegt. Die meist im September auskriechenden Räupchen halten sich auf der Unterseite der Blätter, die sie benagen und durchlöchern, auf und überwintern zwischen abgefallenem Laube und in Rindenrissen. Den meisten Schaden richten sie erst nach der Ueberwinterung an.

Gegen diesen Schädling ist das Abklopfen der Raupen zu empfehlen. Wenn der Falter in grösserer Menge bemerkt wurde, wird auch das Entfernen des abgefallenen Laubes und Verbrennen desselben sich als nützlich erweisen.

Aehnliche Beschädigungen verursacht auch die 10füssige bläulichgrüne, weiss- und gelbgestreifte, schwarzpunktirte Raupe des Johannisbeerspanners, Welling (*Geometra wawaria* L.), welche jedoch erst im Frühjahre das Ei verlässt und sich in der Erde verpuppt. Abklopfen wäre auch hier zu empfehlen.

§. 97.

Schmalbauch. Beobachtet man, dass die Knospen und jungen Blätter angefressen und durchlöchert werden, so kann dies auch von einem 2—2¼‴ langen, schwarzen, lang graubehaarten Käfer mit hellen oder dunkelbraunen Flügeldecken, ebenso gefärbten Fühlern und Beinen und sehr kurzem dicken Rüssel veranlasst werden, welcher unter dem Namen **Schmalbauch** oder **langer Blattnager** (*Phyllobius oblongus* L.) bekannt ist.

Diese Käfer richten nämlich vom Mai—Juni an den Obstbäumen und besonders in den Baumschulen durch Ausfressen der Knospen der Pfropfreiser oft bedeutenden Schaden an.

Das Abklopfen der Käfer von den Bäumen in den frühen Morgenstunden und an rauhen Tagen wird sich gegen diesen Schädling vor Allem empfehlen.

Auch Bestreichen der Augen der Pfropfreiser mit kaltflüssigem Baumwachs wird von Erfolg sein.

Ausserdem werden durch Durchlöchern der Blätter und Abschaben der Oberhaut derselben oder Verletzung der jungen Triebe noch verschiedene andere Rüsselkäferarten und Blattkäfer unseren Obstbäumen mehr oder minder schädlich, rücksichtlich ihrer Bekämpfung gilt ebenfalls das oben Gesagte.

Wir übergehen ferner noch eine Anzahl von Schädlingen, theils weil sie nicht in solcher Anzahl auftreten, dass sie allgemeinen oder bedeutenden Schaden verursachen, theils weil für ihre Bekämpfung sich nichts Anderes empfehlen lässt.

Erwähnen wollen wir im Kurzen aber noch Erscheinungen, durch welche das Aussehen der Blätter verändert wird, obwohl der Schaden meist weniger bedeutend ist. So lebt z. B. die Made der **Birngallmücke** (*Cecidomyia pyri* Bé) unter dem umgeschlagenen Rande der Birnblätter;

mehrere Wickler, Motten und Wespenarten rollen die Blätter ein oder ziehen die Ränder derselben durch Fäden zusammen, oder legen in dem Blattfleische Gänge an (miniren) oder leben frei auf den Blättern, dieselben nur des Blattgrüns oder der Oberhaut beraubend.

Sie treten vom April bis September auf und hilft gegen sie alle nur das zeitige Entfernen solcher Blätter sammt dem darauf befindlichen Schädlinge.

§. 98.

Blätter, Blüthen und junge Früchte der Apfel- und Birnbäume werden zuweilen auch zerstört oder angefressen von einem 4—5''' langen, oben etwas flachgedrückten, grün oder blau metallisch glänzenden Käfer mit gelb- bis pechbraunen Flügeldecken, der sich durch sein vorne stumpf abgerundetes, aufgebogenes Kopfschild und den 3blättrigen Endknopf der Fühler besonders charakterisirt und unter dem Namen **kleiner Rosen-** oder **Gartenlaubkäfer** (*Phyllopertha horticola* L.) bekannt ist. [Gartenlaubkäfer]

Das Weibchen legt die Eier in die Erde ab und aus derselben entwickelt sich eine 6füssige Larve, die sich von dem Maikäferengerling hauptsächlich nur durch ihre Grösse unterscheidet und namentlich in Gärten ähnliche Beschädigungen veranlasst.

Ausser Obstbäumen beschädigt dieser Käfer auch die Rosen durch Abfressen der Blumenblätter und Staubgefässe und verhindert die Entwicklung der Früchte und hat schon mehrmals die Rapsblüthen arg beschädigt.

Das Abklopfen der Käfer in den Morgenstunden und die Vernichtung derselben, sowie ihrer Larven (Engerlinge) wo man sie antrifft wird anzuempfehlen sein.

§. 99.

Blüthen und junge Früchte werden ferner beschädiget von einem 4½—5''' langen, glänzend schwarzen, fein grau behaarten Käfer mit kahlen, röthlich gelbbraunen, runzlich punktirten, am Seitenrande umgeschlagenen Flügeldecken, dessen dichtpunktirter Kopf zwischen den 11gliedrigen, fadenförmigen Fühlern einen tiefen Quereindruck zeigt, und dem Entomologen unter dem Namen *Omophlus lepturoides* F. bekannt ist. [Schmalbockähnlicher Blüthenkäfer]

Dieser Schädling, der namentlich in Ungarn seit einigen Jahren die Obstbäume arg beschädiget, findet sich alljährlich auch bei uns häufig auf blühenden, wildwachsenden Gesträuchen, ohne dass bis jetzt aus Nieder-Oesterreich über ihn Klagen vorliegen.

Im Jahre 1866 hat derselbe in Ungarn (Csanader Comitat) die Getreidefelder arg beschädiget und wurde uns von dort eingesandt.

Diesen Sommer hatten wir in hiesiger Gegend selbst Gelegenheit die Beschädigung der Aehren durch denselben zu beobachten.

Gegen diesen Schädling dürfte das Abklopfen von den Bäumen und auf Getreidefeldern das Abschöpfen oder Sammeln zu empfehlen sein.

§. 100.

Brenner. Nimmt man wahr, dass eine grössere oder geringere Zahl von Apfelblüthen unentfaltet bleiben und braun werden (wie versengt aussehen), so wird man in solchen Blüthen eine fusslose, stark wulstige, nach hinten verschmälerte Larve mit schwarzem Kopfe oder auch eine blassgelbe, am Rücken kurzborstige, schwarzäugige Puppe vorfinden, aus der sich Ende Mai oder Anfangs Juni ein 2''' langer, schwärzlicher, fein grau behaarter Käfer mit röthlichbraunen Halsschild- und Flügeldecken, welch' letztere mit einer von aussen nach innen und hinten verlaufenden Binde geziert sind, und mit einem dünnen wenig gebogenen Rüssel, der sogenannte **Blüthenstecher** oder **Brenner** (*Anthonomus pomorum* L.), entwickelt. Dieser Käfer nährt sich vom Blattgrün, überwintert unter Rindenschuppen, in Löchern etc., und das Weibchen legt die Eier einzeln in die Blüthenknospen ab. Die Larve nährt sich von den innern Blüthentheilen und verhindert dadurch die Entfaltung der Blüthe. Entwickelt sich aber die Blüthe in Folge sehr günstiger Witterung schnell und öffnet ihre Blumenkrone, ehe die Larve erwachsen, so geht diese zu Grunde.

Die so aussehenden abgewelkten, braunen Blüthen müssen noch, ehe der Käfer sich entwickelt und die Blüthe verlassen hat, gesammelt und verbrannt werden. — Auch das Abklopfen der Käfer von den Bäumen, bevor sie noch ihre Eier abgelegt haben, was am besten in den Morgenstunden geschieht, ist zu empfehlen.

Werden die gegen den Frostspanner (S. 69) anempfohlenen Theerbänder auch im Frühjahre in Stand gehalten, so findet man auf denselben gewöhnlich auch eine Anzahl solcher weiblicher Käfer, was dafür spricht, dass dieselben die Bäume erklettern.

Aehnliche Verwüstungen richtet an den Knospen der Birnbäume der dem obgenannten sehr ähnliche **Birnrüsselkäfer** (*Anthonomus pyri* Koll.) an, und ebenso werden die Himbeer- und Brombeerblüthen durch den verwandten, 1''' langen, schwarzen **Himbeerblüthenstecher** (*Anthon. rubi* Herbst.) zerstört.

Da alle diese Arten eine fast gleiche Lebensweise führen, so genügt das Gesagte auch für sie.

§. 101.

Apfelstecher. Fallen die Aepfel und Birnen noch unreif von den Bäumen ab, und zeigen sich an denselben bei näherer Untersuchung Stiche oder Punkte, so dass sie wie angestochen erscheinen, so werden im Innern derselben und meist in der Nähe der Kerne 1 oder mehrere fusslose, gelblichweisse, gerunzelte Larven mit gelblichem Kopfe angetroffen werden, die, wenn sie erwachsen sind, die Früchte verlassen und in der Erde sich verpuppen. Aus dieser Puppe entwickelt sich ein 2″ langer, purpurroth goldglänzend gefärbter Käfer mit langem dünnen Rüssel, der wie die Fühler und Beine blaugefärbt ist, und dessen die Afterspitze freilassende Flügeldecken runzlig punktirt sind. Dieser Käfer ist unter dem Namen **purpurrother Aepfelstecher** (*Rhynchites Bachus* L.) bekannt, und legt seine Eier in die noch jungen Früchte ab.

Gegen dessen Angriffe kann nur fleissiges Sammeln und Entfernen der abgefallenen Früchte und das Abklopfen der Käfer in den Morgenstunden empfohlen werden.

Eine ähnliche Lebensweise führt auch der **goldgrüne Apfelstecher** (*Rhynchites auratus* Scop.), der dem eben beschriebenen gleicht und sich von ihm ausser der Grösse (3‴) dadurch unterscheiden lässt, dass Fühler, Füsse und nur die Spitze des Rüssels schwarzblau sind.

Für ihn gilt daher das eben Gesagte.

§. 102.

Obstmade. Abgefallene oder auch einzelne der noch am Baume hängenden Aepfel und Birnen zeigen oft runde Löcher, von denen aus ein Gang ins Innere führt, der häufig mit Unrath angefüllt ist. Schneidet man solche Früchte auseinander, so wird man in denselben meistens eine 16füssige, röthlich weisse, sparsam behaarte Raupe mit rothbraunem Kopfe, die sogenannte **Obstmade** vorfinden.

Die erwachsene Raupe verlässt die Frucht und verpuppt sich in einem seidenartigen Gespinnste zwischen Rindenrissen, Spalten oder an der Erde. Der aus der Puppe sich entwickelnde kleine braungraue Falter, der sogenannte **Apfelwickler** (*Carpocapsa pomonella* L.), fliegt nur des Nachts und legt auch zu dieser Zeit seine Eier an die Früchte ab.

Das alsogleiche Sammeln und Entfernen der abgefallenen Früchte, das Bestreichen der Baumstämme im Frühjahre mit Lehm und Kalk oder Kalkwasser, das Abkratzen der Rinde, Abkehren mit stumpfen Besen wird gegen diesen Schädling zu empfehlen sein.

Besonders an älteren Bäumen, die mit Theerringen (S. 69) versehen wurden, findet sich eine grössere Zahl dieser Raupen unter denselben eingesponnen, und können, wenn man die Ringe etwa im Dezember abnimmt, dann leicht vertilgt werden.

Noch vollständiger würde die Verminderung dieses Schädlings erreicht, wenn man diese Ringe schon im August anlegen würde, wodurch die Mehrzahl der Raupen gezwungen wäre, sich unterhalb der Ringe einzuspinnen, was ihre Vertilgung erleichtert.

§. 103.

Röthliche Pflaumenraupe. An Pflaumenbäumen werden oft einzelne Früchte früher reif, als die übrigen und fallen dann leicht ab. Derlei Früchte zeigen meist in der Nähe des Stieles ein kleines Loch, und findet man, wenn man sie öffnet, einen Theil des Fleisches verzehrt und darin nebst den dunklen Excrementen (Wurmkoth) eine 16füssige, bis 6''' lange, oben röthliche unten weissliche, sparsam lichtbehaarte, schwarzköpfige Raupe (**röthliche Pflaumenraupe**), die, wenn sie erwachsen ist, die Frucht verlässt und sich zwischen Rindenrissen, Flechten oder am Boden in einem Gespinnste verpuppt.

Aus der Puppe entwickelt sich im Mai oder Juni ein kleiner Falter mit aschgrauen, braungewellten, stellenweise matt bleiglänzenden Flügeln, der unter dem Namen **Pflaumenwickler** (*Grapholitha nigricana* F.) bekannt ist, sich bei Tage verborgen hält, nur während der Nacht fliegt, und dann die Eier einzeln an die Früchte ablegt.

Auch hier ist vor Allem das Sammeln und Entfernen der abgefallenen Früchte, welche man zum Branntweinbrennen etc. verwendet, zu empfehlen, und können durch leichtes Schütteln der Bäume die angestochenen Früchte zum Falle gebracht werden. Nicht minder ist das Reinhalten und Bestreichen der Rinde etc. von Erfolg.

§. 104.

Pflaumenbohrer. Fallen die Pflaumen noch unreif ab, so veranlasst dies ein anderer Schädling, der bei näherer Untersuchung derselben leicht aufgefunden werden kann. Es ist dies eine fusslose, weisse, gekrümmte, runzlige, dunkelbraunköpfige Larve, die erwachsen die Frucht verlässt und sich in der Erde verpuppt.

Aus der Puppe entwickelt sich im Frühjahre ein Rüssel-Käfer. Dieser ist 2''' lang, braun oder kupferglänzend gefärbt, fein weissgrau behaart, mit tief punktirt gestreiften, die Afterdecke freilassenden Flügeldecken und langem, stielrunden Rüssel, der sogenannte **Pflaumenbohrer** (*Rhynchites cupreus* L.)

Das Weibchen legt die Eier einzeln in die noch jungen Früchte, deren Stengel es zur Hälfte durchnagt.

Ausser an Pflaumenarten beschädigte derselbe in ähnlicher Weise auch schon Kirschen.

Gegen diesen Schädling sind dieselben Mittel, wie beim Apfelstecher (S. 81), d. i. Abklopfen der Käfer, fleissiges Sammeln und Entfernen der abgefallenen oder abgeschüttelten Früchte und Umgraben des Bodens um die Bäume im Herbste zu empfehlen.

§. 105.

Bemerkt man an noch am Baume hängenden oder unreif abgefallenen Früchten Harz- oder Kothklümpchen, so wird man beim Oeffnen solcher Früchte den Kern mehr weniger verzehrt finden und an demselben eine 20füssige, gelbröthlich weisse, gekrümmt liegende, gelbköpfige Afterraupe, die erwachsen die Pflaume verlässt und sich in der Erde verpuppt. *Pflaumensägewespe.*

Aus der Puppe entwickelt sich im Frühlinge eine 1½''' lange, glänzend schwarze Wespe mit gelben Beinen, die sogenannte **Pflaumensägewespe** (*Hoplocampa fulvicornis* Klg.), welche ihre Eier in die Blüthe mit Hilfe der Legesäge ablegt.

Zu ihrer Verminderung gelten die beim Pflaumenbohrer empfohlenen Mittel.

Die Afterraupe einer verwandten Art lebt in Aepfeln und veranlasst ebenfalls das Abfallen der noch unreifen Früchte.

§. 106.

Wenn die Kirschen madig werden, was sich schon an scheinbar gesunden Früchten erkennen lässt, dass sie meist gegen den Stiel zu eine weichere Stelle zeigen, von wo aus dann die Kirsche zu faulen anfängt, so ist die Veranlasserin eine im Innern der Kirsche lebende, gelblichweisse, fuss- und scheinbar kopflose Made mit schräg abfallendem Hinterleibsende. Sie hält sich gewöhnlich zwischen Kern und Stiel auf und saugt an dem Fleische der Frucht, wodurch diese an den angefressenen Stellen zersetzt und jauchig wird. Bisweilen fallen derlei Kirschen auch früher ab. *Kirschenmade.*

Ist sie ganz erwachsen, dann bohrt sie sich heraus und lässt sich zu Boden fallen, wo sie sich in der Erde verpuppt.

Die aus der Puppe sich entwickelnde, 1½—2¼''' lange Fliege ist glänzend schwarz und zeigt an den Flügeln 3 dunkle Binden, sie wird die **Kirschenfliege** (*Spilographa cerasi* F.) genannt und erscheint im Mai bis Juni, wo sie ihre Eier in die bereits sich färbenden Früchte ablegt.

Sie findet sich ausser an Kirschen aber auch in der Heckenkirsche und den Sauerdornbeeren.

Wo dieser Schädling häufiger auftritt, ist das Umgraben der Erde um die Bäume im Spätherbst, um die Puppen zu zerstören, und das Sammeln der abgefallenen Früchte zu empfehlen.

§. 107.

Himbeerkäfer. Himbeeren und Brombeeren werden oft von einer in denselben lebenden, 2‴ langen, Gfüssigen, dunkelgelben, sparsam borstenhaarigen, dunkelköpfigen Larve, deren Hinterleibsende in 2 nach oben gekrümmte Dornspitzchen ausläuft, verzehrt.

Die ausgewachsene Larve verpuppt sich in der Nähe der Frassstelle in Ritzen oder Spalten etc., und im Frühjahre entwickelt sich aus der Puppe der 2‴ lange, pechbraune oder schwarze, gelbgrau behaarte, durch keulenförmig endende Fühler ausgezeichnete Himbeerkäfer (*Byturus fumatus* F.).

Gegen diesen Schädling ist wohl nichts als das Abklopfen des Käfers in den frühen Morgenstunden und Vertilgen desselben anzurathen.

§. 108.

Haselnussbohrer. Eine grössere oder geringere Anzahl von Haselnüssen fallen früher ab.

Die Veranlasserin ist eine gekrümmte, wulstige, gelbweissliche, fusslose Larve mit braunem Kopfe, welche sich von dem Kerne nährt, erwachsen die Schale durchbohrt und sich dann in der Erde verpuppt.

Aus der Puppe entwickelt sich ein 3—3½‴ langer, eiförmiger, schwarzer, haarförmig gelbgrau beschuppter, mit bindenförmig zusammenfliessenden lichter beschuppten Makeln gezierter Käfer mit sehr langem, dünnem, nach unten gebogenem Rüssel, langen dünnen Fühlern und gross gezähnten Schenkeln, der sogenannte Haselnussbohrer (*Balaninus nucum* L.), der sich von Blättern nährt und seine Eier in die noch jungen Früchte ablegt.

Abklopfen des Käfers im Frühjahre und Sammeln der angestochenen Früchte sind die einzigen Mittel seinem Ueberhandnehmen zu steuern.

Rebe.

Beschädigung der Wurzeln und des Stammes.

§. 109.

Rebenverwüster. Zeigen an einzelnen Rebstöcken die Blätter kleine gallapfelähnliche Auswüchse oder Warzen, welche später an der Oberseite des Blattes aufbrechen, und untersucht man solche Auswüchse genauer, so wird man in denselben äusserst kleine, ungeflügelte, gelbliche blattlausähnliche Schädlinge, den berüchtigten **Rebenverwüster** (*Phylloxera vastatrix* Pl.) antreffen. Diese verlassen gleich nach dem Aufbrechen der Gallen dieselben, steigen am Stamme hinunter und setzen sich an den Wurzeln unter der Erde fest, saugen hier den Saft aus und vermehren sich durch Eierlegen schnell.

An solchen Reben verfärben sich dann die Blätter, verdorren vom Rande herein, und beginnen von unten an abzufallen. Die Jahrestriebe entwickeln sich kümmerlich und verdorren an den Spitzen, während der mittlere und untere Theil noch frisch bleibt. Die Trauben gelangen noch ziemlich häufig zur Reife; ist die Krankheit sehr heftig aufgetreten, so färben sie sich nicht, bleiben sauer, wässerig, bouquetlos und der daraus gewonnene Wein taugt nichts und hält sich nicht.

Geht der Rebstock nicht schon im ersten Jahre zu Grunde, so treibt er im nächsten Frühjahre nur kurze, verkrüppelte Loden und kleine nach aussen gekräuselte Blätter, die bald vergilben; wenn sich zuweilen auch kleine Trauben ansetzen, so reifen dieselben nicht. Es verdorren vielmehr alle Triebe und Blätter und der Rebstock stirbt ab. Hebt man ihn aus der Erde, so sind die Wurzeln aufgeschwollen, erweicht und faul und es lässt sich ihr Gewebe bis auf den holzigen Kern leicht entfernen. Die Wurzeln schwellen nämlich in Folge der zahlreichen Verletzungen knotig (kropfig) an und gehen schliesslich in Fäulniss über, die an den äussersten Fasern beginnt und sich später auf die Hauptwurzeln bis zum Stamme fortsetzt, welcher abstirbt. An den Wurzeln finden sich die gelblichen ungeflügelten Schädlinge verschiedenen Alters in grösserer Zahl oft reihenweise dicht aneinander gedrängt und auch deren orangegelbe Eier.

Noch ehe aber der Rebstock ganz abgestorben ist, verlässt ihn der Schädling und sucht sich eine neue Nahrungsquelle, indem er auf die Wurzeln der benachbarten Reben übersiedelt, so dass die Beschädigung, wie von einem Centrum aus, sich immer weiter über den Weingarten verbreitet.

Durch die im Sommer sich entwickelnden geflügelten Weibchen wird dieses Uebel auf andere Grundstücke und durch Winde, welche diese Schädlinge fortführen, selbst in entferntere Gegenden verpflanzt. Die geflügelten Weibchen nämlich stechen die Rebenblätter an und legen ihre Eier in die Oeffnungen. Es entstehen dann die oberwähnten Gallen, worin sich die ungeflügelten Individuen entwickeln, welche nach dem Aufbrechen der Gallen sich an die Wurzeln begeben.

Da die Einschleppung dieses Schädlings, dem namentlich in Frankreich die Reben ganzer Distrikte zum Opfer fielen, durch Versendung von Rebholz und Wurzelreben selbst auf weite Entfernung möglich ist, so hielten wir es für unsere Pflicht darauf aufmerksam zu machen, dass es dringend geboten erscheint beim Ankauf von Blindhölzern und Wurzelreben dieselben vor der Auspflanzung einer genauen und wo es thunlich einer mikroskopischen Untersuchung zu unterziehen und zur Sicherheit mit Tabakjauche angefeuchteter Erde einzuschlemmen.

Was die Bekämpfung dieses Insekts anbelangt, so wäre es erforderlich alle Rebenblätter, an denen solche Auswüchse sich zeigen, sogleich zu sammeln, ältere abgestorbene Stöcke sammt Wurzeln sorgfältig auszuheben und dann Alles zu verbrennen und die übrigen Stöcke durch Unterbringen von Tabakstaub, Tabakabfällen oder mit Tabakabsude befeuchteten Mist in den die Wurzeln umgebenden Boden zu schützen.

§. 110.

Rebschildlaus. An den Rebenschenkeln oder auch an dem alten Holze bemerkt man öfters bis 3''' lange, fast nachenförmige, gewölbte, braun marmorirte Erhabenheiten, welche sich bei näherer Untersuchung als die Weibchen der **Rebschildlaus** (*Coccus vitis* L.) darstellen. Noch auffälliger sind sie, wenn sie auf einem weissen seidenartigen Flocken sitzen, welcher sich in lange Fäden ausziehen lässt und die Eier enthält.

Im Juli kommen aus ihnen die sehr kleinen karmoisinrothen Jungen hervor, welche sich zerstreuen und an ihnen passenden Stellen festsetzen. Sie schwächen durch Saftentziehung die Reben oft bedeutend.

Die Ameisen, welche derlei Weinstöcke des ausgeschiedenen Honigthaues wegen emsig besuchen, verrathen oft zuerst ihre Anwesenheit.

Sorgfältiges Abbürsten im Herbste oder Frühjahre dürfte das zweckmässigste Mittel sein, dem Umsichgreifen dieses Schädlinges Einhalt zu thun.

Die Eierflocken sind am besten sammt einem Stücke Rinde abzunehmen und zu verbrennen.

Beschädigung der Knospen, Triebe und Blätter.

§. 111.

Nascher. Oft werden die Knospen oder sogenannten Augen der Reben arg beschädigt oder ganz abgefressen von einem 4—5½''' langen, ungeflügelten, ziemlich langsam sich bewegenden, schwarzen, graubeschuppten Käfer, der durch seinen dicken, an der Spitze ausgerundeten und an der Einlenkungsstelle der Fühler borstenartig erweiterten Rüssel und die eiförmigen, dicht und fein gekrümmten, an den Schultern abgerundeten Flügeldecken und gezähnten Schenkel sich besonders charaktrisirt und als **Nascher, Dickmaulrüssler, Liebstöckel-, Lappenrüssler** (*Otiorhynchus ligustici* L.) bekannt ist.

In Pflanzungen mit leichteren Böden und an jungen Stöcken überhaupt ist der durch ihn veranlasste Schaden am häufigsten.

Gegen diesen Schädling wird das Sammeln und Vertilgen von Wirkung sein.

Französische Beobachter, von denen ihm auch das Befressen der Pfirsichbaumknospen zur Last gelegt wird, behaupten, dass der Nascher eine besondere Vorliebe für Luzerne hege. Es könnte daher wohl an Weingartenrändern Luzerne gebaut werden, um den Käfer dahin zu locken und von den Reben ferne zu halten.

An solchen Stellen könnten sie dann leicht mit dem Strohsacke gefangen und vertilgt werden.

Auch mehrere Gattungsverwandte veranlassen ähnliche Beschädigungen und gilt auch für sie das oben empfohlene Mittel, nämlich Sammeln.

§. 112.

Sind die Blätter und Triebe nur benagt und angefressen, so Rebenkann der Schädling auch der sogenannte **Weinstockfallkäfer** (*Eumolpus* fallkäfer *vitis* F.) sein, der 2—2½''' lang, schwarz, fein grau behaart ist, und durch rothbraune Flügeldecken und stark gewölbtes Halsschild, in welchem der, mit den vorn verdickten, an der Wurzel gelbrothen Fühlern versehene Kopf meist ganz eingezogen ist, sich besonders charakterisirt.

Der Käfer, welcher namentlich die Blätter streifenweise abschabt und durchlöchert, Rinnen in die Schösslinge nagt und auch die Beeren oft beschädiget, lässt sich beim Annähern einer Gefahr gern zur Erde fallen, daher zu seinem Fange, dem einzigen Mittel zu seiner Bekämpfung' am besten ein sogenanntes Schlitzhamen, d. i. ein vorn mit einem Schlitze versehenes Schmetterlingsnetz, das man unterhält und den Käfer in dasselbe hineinfallen lässt, angewendet werden kann. Am geeignesten hiezu sind die Morgenstunden, wo der Käfer auf der Oberseite der Blätter erscheint, während er sonst an der Blattunterseite sich aufhält.

§. 113.

Ein anderer Käfer, der sogenannte **Rebenschneider** oder **Zwiebel-** Rebenhornkäfer (*Lithrus cephalotes* F.), beisst die Knospen und jungen schneider. Schosse ab. Dieser Käfer verbirgt sich gewöhnlich in selbst gegrabenen Erdlöchern, ist 7—8''' lang, mattschwarz und fällt durch sein stark entwickeltes Halsschild, die kurzen, beinahe halbrunden Flügeldecken, den grossen Kopf mit starken Fresszangen und die wie Trichter ineinandersteckenden 3 Endglieder der Fühler besonders auf.

Da diese Käfer gewöhnlich in den späten Vormittags- und frühen Nachmittagsstunden ihrer Nahrung nachgehen und beim geringsten Geräusche sich in ihre Erdlöcher zurückziehen, so ist es schwer ihrer habhaft zu werden.

Man versäume ja nicht, sie abzufangen und zu tödten, und dürfte sich hiezu auch beim Behacken der Weingärten die Gelegenheit bieten.

§. 114.

Reben-
stecher

Die Knospen und zarten Blätter werden auch durch Benagen beschädigt, von dem **Rebenstecher** oder **Zapfenwickler** (*Rhynchites betuleti* F.), der ausserdem die Blätter in Cigarrenform zusammenwickelt und dadurch seine Anwesenheit verräth. Der Käfer ist 2½—3''' lang, glänzend blau oder goldgrün gefärbt, und charakterisirt sich durch den dünnen Rüssel und die fast 4eckigen, fein und dicht punktirten, die Afterspitze freilassenden Flügeldecken.

Aus den, in cigarrenähnlichen Blattrollen abgelegten Eiern entwickeln sich die fusslosen, gekrümmten, weisslichen Larven, die sich von der Blattsubstanz nähren und erwachsen sich im Juli oder August in der Erde verpuppen. Die Käfer erscheinen noch im Herbst, meist aber erst im nächsten Frühjahre.

Ausser den Reben finden sich derlei Blätterrollen auch auf Birn-, Quittenbäumen etc. vor.

Das Sammeln der Käfer ist gleich bei ihrem ersten Auftreten nöthig und gelingt am besten in den Morgenstunden und bei kühler Witterung; bei Sonnenschein und warmen Wetter lassen sie sich bei Annäherung einer Gefahr gern von den Reben herabfallen oder fliegen davon. Aber auch die cigarrenähnlichen Blattrollen müssen sorgfältig aufgesucht werden, und ist es am zweckmässigsten dieselben zu verbrennen, um die Weiterverbreitung des Schädlinges zu hindern.

§. 115.

Spring-
wurm

Die Blätter werden zusammengesponnen (gerollt) und sammt den Blüthenansätzen verzehrt von, in den erstern sich verbergenden, etwa 6''' langen, 16füssigen, schmutziggrünen, sparsam behaarten, braunköpfigen Raupen, welche sich in den Wickeln verpuppen.

Der im Juli oder August erscheinende Falter, **Springwickler** (*Grapholitha pilleriana* Illig.) genannt, legt seine Eier an die Weinblätter ab, welche die Raupe 2. Generation ebenso beschädigt, die sich erwachsen ausser in Blättern auch in den Ritzen der Pfähle oder unter Rinde verpuppen soll und im Frühjahre den Falter liefert.

Namentlich in manchen Gegenden Deutschlands und Frankreichs wird über diesen Schädling Klage geführt. Am besten ist es wohl, die in den Blattwickeln verborgenen Raupen und Puppen zu tödten und so den Schaden einzuschränken

Beschädigung der Blüthen und Früchte.

§. 116.

Oft sieht man die Rebenblüthen durch Fäden mit einander Traubenwickler. verbunden und theilweise abgefressen. Bei näherer Untersuchung wird man zwischen denselben versteckt die 16füssige, bis 6''' lange, anfangs gelbliche, später braungrüne, mit lichten Wärzchen besetzte, schwarzköpfige Raupe eines Falters als Veranlasserin dieser Erscheinung auffinden.

Je mehr sich die Blüthe durch feuchte und kalte Witterung verzögert, desto grösser werden die durch diese Raupe veranlassten Beschädigungen sich zeigen.

Erwachsen verpuppt sich die Raupe meist in dem zum Anbinden der Reben verwendeten Heftstroh oder Weidenruthen, oft auch in den Spalten der Pfähle oder den Ritzen der Rinde.

Der aus der Puppe sich entwickelnde Falter hat silberweiss und mattgoldgelb gefleckte, von dunkler Querbinde unterbrochene Flügel, und wird einbindiger Traubenwickler, Traubenmotte, Gosse (*Conchylis ambiguella* H.) genannt, die Raupe ist unter den Namen Heu-, Sauerwurm und Traubenmade bekannt. Der im Juli oder August erscheinende Falter legt seine glänzend weissen, sehr kleinen Eier an den Traubenstielen und Beeren ab.

Im August, September kann man dann an den Beeren meist in der Nähe des Stieles dunkelblaue Flecken und zwischen den Beeren Gespinnstfäden wahrnehmen, und es wird sich bei näherer Untersuchung in den Beeren selbst die oben geschilderte Raupe zweiter Generation auffinden lassen, welche die Traubenkerne verzehrt und daher eine Beere nach der andern angreift.

Bei nasser Witterung wird der Schade noch dadurch vermehrt, dass die verletzten Beeren in Fäulniss übergehen, die sich auch den noch gesunden Beeren mittheilt (Grünfäule entsteht).

Erwachsen verlässt die Raupe die Trauben und verpuppt sich an ähnlichen Plätzen, wie die der 1. Generation. Aus ihr erscheint der Falter im Frühjahre.

Dieser Schädling dürfte wohl unter allen bei uns auftretenden Rebenfeinden den meisten Schaden anrichten, und sind daher auch die verschiedensten Mittel zu seiner Bekämpfung vorgeschlagen worden.

Um die aus den überwinternden Puppen sich entwickelnden Falter am Auskommen zu hindern, ist es gerathen, die alten Heftbänder, defecte, alte Pfähle etc. zu entfernen und zu verbrennen. Auch können durch Abschälen der alten Rinde der Rebstöcke die Puppen vertilgt werden. Oft ist hiezu aber auch ein dichter Lehmanstrich genügend.

Es wurde empfohlen, die in den Spalten der Weingeländer, Lauben, Pfähle etc. verborgenen Puppen durch Eingiessen einer Mischung von 1 Theile Petroleum und 3 Theilen Leinöl zu tödten. Wir glauben, dass mittelst eines Theeranstriches derselbe Zweck sich erreichen liesse.

Die Erziehung der Reben an Drahtrahmen statt Pfähle dürfte durch Entziehung geeigneter Verpuppungsplätze ebenfalls zur Verminderung des Schädlinges beitragen, und sind wir der Ansicht, dass dies auch bei Verwendung imprägnirter Rebenpfähle der Fall wäre.

Mit gutem Erfolge wurde in mehreren Gegenden das Tödten der Raupen in den Blüthen durchgeführt.

Zu diesem Zwecke zerreisst man mittelst eines umgebogenen spitzen Drahtes das Gespinnst, nimmt die Raupe heraus und tödtet sie.

Ebenso zweckmässig und keine grössere Mühe veranlassend dürfte es sein, die an den Trieben oder Trauben abgesetzten glänzenden Eier mittelst Borstenpinsel abzustreifen, da die zu Boden gefallenen voraussichtlich zu Grunde gehen würden.

Nach unseren Beobachtungen versammeln sich während der Flugzeit an warmen windstillen Abenden die Falter stellenweise oft in grosser Anzahl und schwärmen über den Weinlauben lebhaft durcheinanderfliegend, wahrscheinlich der Paarung wegen. Zu dieser Zeit könnten sie leicht mit Schmetterlingsnetzen in grosser Anzahl gefangen und sodann vertilgt werden.

Eine ähnliche Lebensweise führt auch der **bekreuzte Traubenwickler** (*Grapholitha botrana* Ill.), dessen Raupe vorzugsweise die an Häusern und in Gärten am Spalier gezogenen Reben beschädigt.

Es gilt für ihn das oben Gesagte.

Anhang.

§. 117.

Weinblattmilbe. An der Oberseite der Blätter bemerkt man öfters kleinere oder grössere unregelmässige Erhabenheiten (Wülste), welchen an der Blattunterseite eben solche mit weissröthlichem Filze ausgekleidete Vertiefungen entsprechen. Die Veranlasserin dieser Erscheinung ist ein dem unbewaffneten Auge nur als weisses Pünktchen erscheinendes flüssiges Thierchen aus der Abtheilung der Spinnen, die **Weinblattmilbe** (*Phytopus vitis* Land.)

Obwohl bei nicht sehr zahlreichem Auftreten dieser Schädling keinen erheblichen Schaden veranlasst, so darf dessen Auftreten doch nicht übersehen werden, da er bei stärkerer Vermehrung im Stande ist, durch Saftentziehung die Rebe derart zu schwächen, dass dieselbe trotz zahlreicher Blüthen oft nur wenige und saftlose Beeren ansetzt.

Was die Bekämpfung dieses Schädlinges anbelangt, so ist es am gerathensten, die angegriffenen Blätter sogleich zu entfernen und zu vernichten, oder sie wenigstens im Herbste zu sammeln und zu verbrennen, da in dem Filze auf der Unterseite derselben die Eier für die nächste Brut über den Winter sich befinden.

Register der deutschen Namen.

	Seite		Seite
Aaskäfer schwarzer	49	Erbsenwippel	34
Aderfalter	71	Erdflöhe	41
Aderweisling	71	Erdkrebs	5
Adonisblattkäfer	45	Erdraupe	11
Ackereule	11	Erdwolf	5
Ackerlaubkäfer	25	Eule mattgezeichnete	27
Ackerschnecke	9		
Ackerwerbel	5	Feldfliege schwarzbeinige	58
Apfelstecher goldgrüner	81	Filzkugelkäfer	57
— purpurrother	81	Flachsknotenwickler	53
Apfelwickler	81	Flöhkrauteule	32
		Fresser	69
Baumweissling	71	Fritfliege	17
Birnblattwespe gesellige	76	Forstspanner grosser	71
Birngallmücke	78	— kleiner	69
Birnrüsselkäfer	80	Fuchs grosser	72
Birnsauger	67	Futtergraseule	60
Birnzweigwespe	65		
Blattläuse	7	Gammaeule	13
Blattnager langer	78	Gartenbirnspinner	79
Blatträuber	71	Gartenlaubkäfer	74
Blaukaute	72	Gemüseeule	44
Blaukopf	75	Gespinnstmotte	75
Blausieb	62	Getreideblumenfliege	18
Blütenkäfer schmalbokähnlicher	79	Getreidehalmwespe	22
Blütenstecher	80	Getreidehähnchen	15
Blutlaus	66	Getreidelaufkäfer	11
Borkenkäfer ungleicher	63	Getreidemotte	28
Brenner	80	Getreiderüssler	29
		Goldafter	73
Dikmaulrüssler	86	Goldkäfer	25
Drahtwurm	3	Gosse	89
		Graseule	60
Engerling	1	Graurüssler	32
Eutblätterer	71	Grosskopf	74
Erbseneule	32		
Erbsenmücke	34	Halmfliege grünäugige	19
Erbsenwickler mondfleckiger	33	Halmschabe	21
— rehfarbiger	33	Harlekin	77

	Seite		Seite
Haselböckchen	65	Muldwolf	5
Haselnussbohrer	84	Moosknopfkäfer	49
Heckenweissling	43		
Herzwurm	45	Nascher	86
Hessenfliege	15		
Heuschrecken	5	Obstmade	81
Heuwurm	89	Obstverderber	69
Himbeerblütenstecher	80		
Himbeerglasflügler	64	Pfeifer im Kümmel	52
Himbeerkäfer	84	Pfirsichschildlaus	68
Hirsezünsler	23	Pflaumenbohrer	82
Hohlrüssler	50	Pflaumengallmücke	68
Hopfenwurzelspinner	54	Pflaumenraupe röthliche	82
		Pflaumensägewespe	83
Johannisbeerglasflügler	64	Pflaumenwickler	82
Johannisbeerspanner	78	Pistolenvogel	13
Kardenälchen	31	Queckeneule	26
Kirschenfalter	72		
Kirschenmade	83	Rapserdfloh	40
Kleewurzelkäfer	56	Rapsmauszahnrüssler	41
Knospenwickler grauer	68	Rapszünsler	48
Kohleule	45	Rebenfallkäfer	87
Kohlfliege	38	Rebenschneider	87
Kohlgallenrüssler	39	Rebenstecher	88
Kohlgallmücke	47	Rebenverwüster	84
Kohlwanze	46	Rebschildlaus	86
Kohlweissling	42	Reifmotte	69
— kleiner	43	Repsglanzkäfer	46
Kopflattichenle	45	Repssägewespe	44
Kornwurm schwarzer	28	Repsverborgenrüssler	47
— weisser	27	Reutkröte	5
Krautraupe	45	Reutwurm	5
Kümmelmotte dunkelrippige	52	Rindenlaus wolltragende	67
Kümelschabe	52	Rindenwickler	63
		Rindenwickler Wöbers	64
Lappenrüssler	86	Ringelspinner	72
Leineule	13	Roggenälchen	31
Liebstökelrüssler	86	Roggenkäfer gelbhaariger	26
Linsenkäfer	35	— kleiner	79
Linsenwippel	35	— weisszottiger	25
Lolcheule	60	Rosskastanienspinner	62
Lolchspinner	59	Rübenälchen	51
		Rübenblattwespe	44
Maikäfer	1	Rübennematode	51
Mandelholzrindenwickler	64	Rübenweissling	43
Mauken	8	Rübsaatpfeifer	48
Maulwurfsgrille	5	Rübsaatweissling	43
Meiselrüssler weissfleckiger	34		
Möhrenfliege	51	Saatschnellkäfer	4
Möhrenschabe	52	Sägerand	32
Mohngallmücke	37	Samenstecher	59
Mohnwurzelrüssler	36	Sauerwurm	89

94

	Seite		Seite
Schabe	27	Verborgenrüssler gefurchtbalsiger	39
Schienenblattkäfer	58	— weissfleckiger	37
Schildkäfer nebliger	50		
Schmalbauch	78	Wanderheuschrecke	7
Schnauzenmotte	75	Weidenbohrer	61
Schricken	5	Weinblattmilbe	90
Schricken italienische	6	Weizenälchen	29
Schrotwurm	5	Weizeneule	35
Schwammspinner	74	Weizengallmücke	24
Spätling	69	Weizenverwüster	16
Spanner grüner	69	Welling	78
Spargelbohrfliege	55	Werre	4
Spargelhähnchen	55	Wintersaateule	10
Springraupe	54	Winterspanner	69
Springwickler	88	Wippel	34
Springwurm	88		
Stachelbeerspanner	77	Ypsiloneule	13
Stachelbeerwespe gelbe	77		
— schwarze	77	Zapfenwickler	88
Steinobstblattwespe	76	Zirpkäfer zwölfpunktirter	56
Stutzbohrkäfer grosser	62	Zugheuschrecke	7
— kleiner	63	Zuckererbseneule	13
		Zweigabstecher	66
Todtenkopf	53	Zwergsägewespe	22
Traubenmade	89	Zwergzikade sechsfleckige	14
Traubenmotte	89	Zwergzirpe sechsfleckige	14
Traubenwickler	89	Zwiebelhornkäfer	87
— bekreuzter	90